JN438515

오래된 그리움을 담다

정아지 시집

얼마 전 하늘나라로 떠난

아버님, 어머님께 바칩니다.

시인의 말

오래 묵혀둔 시들이 세상을 나오기 까지
강산이 한번 하고 반이 가버렸다.
주위의 성화에 감히 용기를 가지고
서고에서 잠자고 있던 것을 끄집어 내
부끄럽지만 어려운 숙제를 하는 마음으로
먼지를 털어 세상에 내어 본다.

참 많이 몸과 마음이 아팠던 사유의 시간들이 있었다
지독하게 아파 죽고 싶을 만큼 고통이 엄습하면
글을 썼다.
그 세월들을 견디게 한 것은 어쩌면 이 시들이 아니었을까 싶다
고향을 떠올리면 부모님과 어릴 때 기억들이 자리 잡고
상처를 치료하는 묘약이 되었다.
오래된 그리움은 나를 다시 일으켜 세우고
오늘 나로 있게 만든 것이다.
매우 감사하다.
미숙한 데가 많지만 손대지 않았다.
모자라지만 순박함으로 진심을 다했기 때문이다.
첫 시집이 나오기 까지 애써주신 편집인과 벗님들
한결같은 사랑으로 이끌어 주신 하나님께 감사의 절을 올린다.
그리고 아직 미완의 삶을 살아가는 누군가가 있다면
작은 위로가 되었으면 싶다.

2016년 8월 30일

정 아 지

차례

그 그리운 이름 하나

사랑이 그리운 자리

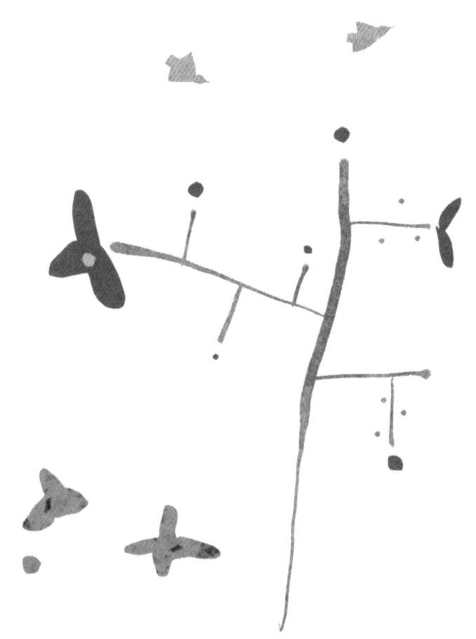

여전히 그대는

기억 속 저곳에

기다림에 지친 날에

그 그리운 이름 하나

봄날 숲의 연가

어느 날
어느 곳에서
너를 보자 한 것은 아니었는데
우연히 그 숲에서 너를 만났다
아주 우연히

오가는 사람 기대라고
한 그루 자작나무로
숲을 이루어 나가
첫사랑처럼 너는 왔다

서럽게 추위에 견디다
예고도 없이
꽃망울 터뜨리던 날
간드러진 신음이
들꽃의 웃음으로 변해
너는 내게 찾아왔다

이월 모항

바다를 품고
엎어지지 못한 빈 쪽배 바람 소리에
모래들이 일어난다
밀물로 채워지는 발자국 따라
돌아갈 수 없는 출발점이다

썰물을 기다려
뒷굽이 낡아 버린 발로
어디쯤인가, 엎어지니
발효를 끝낸 등대는
붉은 포도주로 축배를 들어
자신을 건네주려 애를 쓴다
술잔에 바다 냄새가 난다

어설픈 밤 그림자 덮친 바다가 요동을 치고
숨을 고르던 석양의 짧은 만남은
내일로 또 내일로
꿈을 꾸고 있는 동안에는
잃어버린 내 몸이 너를 찾고 있을 것이다

내 가슴에 내리는 비

매달리기 힘겨워 두 손 놓을 때
허공을 헤매는 손 미련 남기네

바람에 뒹굴며 어느 메 떠돌던
아픈 상처 부여안고
갈길 몰라 방황하는
허허로운 마음이여

마른 음성 들었을 때 운명이라 여기고
젖은 눈빛 마주칠 때 마음 문 열었네
건널 수 없는 강 깊고 깊은데
한발 한발 그 강물에 나를 적시네

흐르는 구름에도 마음을 쏟아내고
마음속 품은 정열 토해내고 싶건만
사랑은 비밀 되어 입 다물라 손짓하고
가슴에 쌓인 언어 꽃비 되어 내리네

그 그리운 이름 하나

홀로 외진 숲길에서
나직이 불러 보는 그리운 이름 하나

바삭거리는 발자국 따라
그리는 임 모습 뒤따르네

해맑은 임의 모습
한 번의 눈 맞춤에 찾아왔건만
다시금 인연되어
지금 내 곁에 머무네

못 잊어 그리는 임
그리움 하나
갈바람에 실어 보낼까
낙엽 위에 새기울까
먼 산 보고 젖는 이 맘
흐린 눈빛 되어가네

꽃 한 송이 남겨 두렵니다

이제 철이 드나
목이 타는 세상에
눈을 떠보니
별난 일도 많습니다

이제 사람 되어가나
잡풀 같은 세상에
마음을 여니
아픈 일도 많습니다

보이는 데 육신 던져
무거운 먼지 털어내고
느끼는 데 마음 합쳐
힘든 세상 함께하렵니다

그렇게
살다 살다 가는 날
흔적 없는
인생살이
꽃 한 송이 남겨 두렵니다

추억의 소묘

대지도 졸린 한낮의 들녘
부지런한 김서운 씨
호미질 손길 급하기만 하고
송골송골 솟은 땀방울 훔칠 새 없어
찰싹 붙어 버린지 오래인데
등에는 어린아이 곤히 잠들어 있다

멀리서 개 짖는 소리 가까이 다가와
"엄마아" 부르는 어눌한 음성
다섯 살배기 계집애
물주전자 기우뚱 들고 와
말라버린 입가에 들이민다
제 어미 목 타는 줄 아는가

치마 벌려
순 걷고 금 벌어진 군데군데
실한 고구마 몇 개 밑 따 감싸 안는데
어린 계집 좋아라 손뼉 치고
영문 모른 아기 잠 깨어 칭얼댄다

어머니

우렁이 색시 되어
아버지 빈자리 늘 채우다
마른 세월 빈 껍질에 줄 매달고
초롱한 맑은 영혼 흐려지어
물안개로 피어날 즈음
어리어 무늬 지운 얼굴 위로
그리움 쏟아 붓고
그 길 떠나온 지 십수 년
꾹꾹 눌러 놓은 불효 자리
새순 돋아 꽃 피려 해도
차마 올려 볼 수 없었습니다

살 속 깊이 파고드는 회한의 삽질
목젖까지 치대는 설운 그리움
어머니
내 몸의 무게만큼 당신 못 잊어
허공중에 손을 내밀어 잡으려 하지만
잡히는 건 한 움큼의
빈 그리움이었습니다
어머니 어디 계시나요?

봉선화

칠순 노모 산사 다녀오다
한 움큼 따온 봉선화 꽃잎
새색시 입술만큼 농염하다
절구에 지극 정성 곱게 찧어
앳된 며늘아기 손톱 위에
곱게 얹는다
마주친 눈결 속에 정겨움이 오가고
거칠어진 마디 손에 시선 떼지 못한 채
마음 한 귀퉁이 무너져 내린다
행복해야 한다 간절한 마음 전해오고
늘 건강하소서 염원하는 기도 가는데
칠순 노모 한 서린 이슬
다진 봉선화 꽃잎에 서린다

통증

–머무르기 싫은 날

폭염이 사라진 저물녘
아픔은 또다시 기승을 부린다
핏물 같은 포도주에 가슴을 적셔도
질긴 통증은 떠나질 않고
내 곁에 있자 한다
무슨 업이 이리 크길래
힘든 날이 겹겹인가
밤사이 고인 눈물 속에 눈을 감으면
고향 품이 못내 서러움으로 다가선다

비릿한 갯내음
뒷길 갯가 아이들의 웃음소리
모랫길 끝닿은 곳
꽃 숲에 묻힌 집엔
자식 기다리는
어머니 눈망울이 서성대고
이래선 안 되겠다
옷매무새 고쳐 하고
정한 몸 새로 태어나기 위해
힘든 몸 일으킨다

마로니에 함성

푸른 이파리 낙엽 되어
희생의 사랑을 깨우치는 가을
깊은 쪽빛 닮은 눈동자가
생몸살로 다가옵니다

하늘 가른 함성이
낙엽 쌓인 교정을 흔들어
생생한 맥박으로 강한 몸짓 남기며
피지 못한 한 맺힌 청춘

새파란 젊음 다 바쳐
사랑으로 끓는 가슴 토하고
정의를 절규하며
푸른 이파리로 가신 임

긴 노을 바닷가 언덕배기
임의 절규로 물들어 가는
붉은 산기슭에서
마르지 않는 물기로
그대, 내 안에서 나옵니다
붉게 물들어 가는 이 가을날

사랑의 용서

삶이 비리도록 속상할 때
타인의 냉철한 마음과
정직의 눈으로 나를 돌아봅니다
삶이 저리도록 아플 때
잔잔한 호수에 반영된
맑은 마음으로 나를 비춰 봅니다
삶의 눅눅한 분노가 쌓여갈 때
수정에 반사되는 햇살과
영롱한 이슬의 빛으로 반성해 봅니다
삶이 사랑에 메말라갈 때
연두색 새싹의 꿈과
고사목의 마음으로 나누려 합니다
뜨거운 눈물이 흘러내리던 날
눈물보다 더 뜨거운 가슴이
울고 있다는 것을 알았습니다
메말라 떨어지는 가을 이파리 되어
주위를 돌아보며 모두를 용서하렵니다
이제 사랑의 용서도 배웠으니까요

꽃의 노래

어느 봄날 힘겹던 산비탈 서서
꽃씨주머니 터트린 죄로
내 품에 꽃씨 하나 받아 묻어
보이지 않은 대상 위한 막연하던 기도
조금씩 흘리던 눈물로 속죄하고
꽃으로 피던 이 날
나, 너 사랑으로 만나
그늘을 걷어낸 자리
일렁이는 오월 꽃으로만 살다
꽃 지던 그날
꽃씨 하나 묻고 갈 때
사랑이여, 우리 그때도
지금처럼 꽃으로 다시 만나자

긴 여정

생동함과 희망으로 들뜬 바다의 외침과 꽃들의 개화로
시간차에 오르기 전 설렘 속에 꿈틀거린다

떠날 시간 등 떠민 힘에 의해
그대와 나의 조화로움으로
손익계산도 해보지 못하고
다시금 흥정도 못 붙여보고
달리는 차에 올라야 했다

주춤거리는 사색의 바다
포구에 가면 물보라 연주회가 열릴 터인데
비로소 보이는 시간
성깔진 운전에 차는 심히 요동치고
부러진 다리에서 피가 흐르는데
차는 가다 쉼이 없단다

무릎

다리가 시큰거립니다
운동복을 들추자 시든 꽃잎이 보입니다
수술대 열두 달
아물지 않는 가슴 줄기에
하얗게 눈물 꽃이 피어납니다

시든 꽃잎을 들춰봅니다
굵은 가시가 깊게 박혀있는 무릎에
어머니 무릎이 겹칩니다
“어미 죄가 커 니가 아프구나.”
종일 무릎 꿇고 기도하는
떠나지 못하는 그 통증이 보입니다

꿈의 노래

한 아름 꿈을 지고
옛 언덕 홀로 와서
노을이 지는 서녘 하늘
쓸쓸히 바라본다

흘러버린 그 시절을
소리치며 불러 봐도
돌아오는 건 더 슬퍼진
내 목소리뿐

그리움에 설레던
도란도란 어릴 적
추억들은 나를 두고
말없이 떠나갔지만

난 다시 돌아와
이렇게 기다린다
그 꿈의 노래를

사월의 코지배

코지배 모랫길 사이로
바람이 얼굴을 내민다
그리운 울 어메가 서 있다
옥양목 앞치마에 갈라진 손 닦아가며
물지게 지고 비적거리던 가녀린 모습

사월의 시간은 멈춰 서고
갯패랭이에 숨겨있는 진한 사연
힘겨운 사랑으로
눈물 자국 소금 되어
일생을 바친 울 어메
짠 내음 잔뜩 묻어
마음 밭에 서럽게 피어난다
꽃이 피면 내 아이가 서 있을 곳에

남은 초록 잎

마지막 남은 초록 잎 하나가
안경 너머로
홀로 긴 그림자 매달고 멀어져 갑니다
잎새 하나 남지 않은
나목 안은 슬픈 로망스가 흐르고
잔잔한 선율이 파도타기를 합니다
떠날 수밖에 없는
이파리의 고뇌가 전해 옵니다
무작정 떠나는 여행길이라면
어디로 가야 하나요
남은 초록 잎 하나 붙잡고 싶었지만
영혼 너머로 이미 가버렸습니다
사랑을 묻어 두고 속삭여 봅니다
행복하라고 더 행복하게 지내라고
무기력해진 일상에서
허물어진 마음 다독이며
희망을 품어봅니다
봄은 또 올 테니

일심

어느 무심 날
눈웃음에 채인 인연
발길로 휘뿌리고
돌아 돌아
하늘로 돌아가면
그만인 것을
손잡고 가는 돈들막
힘겨워도 놓지 못함은
일심一心의 모정

알퐁스 도데의 별 이야기

여름밤 물이 차오른 바위섬은
숨소리 들리는 고요로움
길을 지어버린 은물결에
별들이 세수하고 단장을 할 즈음
바위섬에 갇혀버린
섬지기 소녀와
뭍에서 온 소년은
하얀 포말 반주에
세레나데를 부른다

먼먼 그리움
별들도 졸린지 하품을 하고
별보다 더
영롱한 눈을 가진 소녀
별빛 되어 별꽃으로 피어나
할까 말까 망설이다
입맞춤 한번 하지 못하고
가슴만 콩콩거리던 밤
하현달이 배시시 웃는다

일곱 살배기 일 학년

하얀 손수건 가슴에 차고
분단장한 엄마 손 이끌리어 입학하던 날
교장 선생님 말씀이 너무 길어
시린 발 종종 부산을 떠는 순간
눈에 비친 우리 동네 땅꼬
개구멍으로 나가려고 살며시 발 딛는데
있는 힘 다해 불렀지
"땅꼬야 같이 가."
앞에 서 있던 담임선생님 얼굴이 달무리 되고
이후 목청 크다 반장 뽑혀
수선 피는 아이들 치다꺼리 후
늦은 시간 하굣길
행랑채 길용 오빠 마중 나와 등에 업혀
주먹만 한 눈깔사탕 입에 넣고
따라오던 햇살과 함께 잠이 들면
말썽꾸러기 아이들 등쌀에 울상이던
곱던 선생님 드린다고 키우던
새끼 토끼 안고 깡충대던 등굣길

그 소녀와 선생님과 아이들을
뒤돌아 걸어가면 만날 수 있을까

태풍 매미

뜻 모를 의미로 순식간에 다가선 그대
그 의미 알기도 전
쌍용 21번지를 풍비박산 만들고
거리의 이름을 지어버렸다

물기가 혈관을 타고 뛰놀 때까지
벌거벗고 숨도 못 쉬다
오만한 뒷모습 숨겨
말랑한 그림자로 떠난 후
기억이 돌아와야 했다

붉은 꽃잎에 매달려
마중도 보낼 준비도 미처 안 된
여린 신음이 상한 상흔으로
회오리치며 동서남북 흩어져 갔다
너 따로 나 따로
세월 가며 마주치지 말자
더는,
눈물나게 하는 그대

후회 없이

가슴 꽃 피었다가
소리 없이 지는 날까지
후회 없이 그리 살고 싶습니다
가을 찬 서리에 할퀴었던 여린 마음도
낙엽 위에 소담하게 쏟아 부어
저 높은 가을 하늘
멀리 보냈으면 좋겠습니다
한동안 모아 두었던
슬픔도 아픔도
사랑으로 피워내고 싶습니다
행복 가득한 향기로
비우고 또 비워서
목숨 꽃 피었다가
소리 없이 지는 날까지
아무런 후회 없이 사랑으로
피워내고 싶습니다

사랑의 꽃

마음 밭 일구니
하르르 피어나는 한 송이 꽃
멀리 있어 손닿지 못한
간절함 가슴에 삭힌 채
사랑 꽃으로 멍울지는데
난 너를
넌 나를
아무런 의미 없다 하고
마음속 들킬세라
능청스런 하늘 시선 주고
그리 그렇게
시침을 떼려 하네
난 너에게
넌 나에게
한 사람을 사랑하자 깊은 것이면
영원히 사랑하자 깨끗 하자면
늘 되뇌던 소녀
사랑 줄에 매달려서
이제 사랑 꽃 피려 하네

봄 부신 날

꽃이 피었다는 기별이다
미안한 그리움으로
비탈마다 피어 있는 들메꽃
잠시 피었다 지는 것도
눈이 멀어 만나지 못한 죄
아픈 사월의 흙바람 속으로
너를 떠밀던 죄

멍울진 삶의 조각들로
꽃이 피기까지
몇 번의 고비를 넘겼을까
겨울옷을 벗지 못한 변명은 말자
사위어진 못난 다리로 나를
벗어나지 못함을 탓하랴

퇴근길 새 옷 입은 꽃들 옆에 선다
아낌없이 내주는 저 꽃들의 넉넉함
저 안에 잊힌 봄날 슬픔을 떠올리며
너를 품에 다시 안는다

갈등

왜 돌아보시나요
바다로 간다 하고서
민들레 외톨 되어
바다로 간다 하고서

솔래솔래 정든 사람
야속하게 뿌리치고
못 잊어 흐느끼며
왜 돌아보시나요

울먹울먹
가슴이 울어요
기약 없는 저편 바다에서
머뭇거리는 숨결
쉬이 떠나보내지 못하고

이토록
긴 그리움 야속하여
가슴이 울어요
아 가슴이 울어요

*노랫말 작시

언약

잡은 손 풀지 말자던
그 언약 저버리고
이별을 꿈꾸는 임아
오월 향기
꽃잎에 묻은 언약
가을 낙엽에 스러져
어머니 가슴앓이
애끓음을 재어 두고
손짓하는 잠시 언약
가을 연서 남겨두어
여린 마음 오열하게 해
임아
정화수 떠 놓고
맞절하던 그 맹세
희미해가더라도
그 속에 담긴 믿음
그만은 버리지 마소서

일 번 국도

가는 길 낯섦
오는 길 서먹함
푯말 붙인 일 번 국도
외톨배기 십여 년
정 못 붙인 마음 한쪽
봄 가고 여름 지나 가을 보내며
주춤주춤 서성대던 일 번 국도
애환 실은 오가던 차
썰물처럼 빠져 버린
호젓한 일 번 국도
세월 흘러
정든 임 지르밟고
오가며 그리움 쌓아가는 일 번 국도
가는 길 설레고
오는 길 아쉬운
푯말 붙인 일 번 국도

질투가 남긴 미련

콩닥거리며 뛰는 가슴
소슬바람 불어
이파리 하나 떨치니
가슴 안 불붙어
헉헉대니 가쁜 숨
붉은 땡감 안겨주어
토해내니 휘파람새

쓰리고 아려서
종일 일손 잡히지 않아
정인으로 할 짓 못돼
멀리멀리 떨치려 해도
그리움 하나 업혀서
함께 살자 한다

아산만 편지

가을을 불러내 휘파람 불다 보니
젖무덤에 고인 땀이 명주옷에 흠뻑 젖어
서걱서걱 흘러내려 가을을 지르밟네

한 아름 낙엽 쓸어 치마폭에 가득 담아
바닷가 움막에서 조개 낙지 구워 놓고
어쩌면 오실래요 기약 없는 임 그리며
청록색 바닷물에 시린 맨발 담그고서
가을을 노래하니 고운 임 저 멀리서
풀피리 반주 받쳐 메아리로 화답하네

선뜻한 가을 냉기 옷섶에 맴돌아도
훈훈한 임의 향기 화덕으로 타올라
떠는 체온 감싸 안아
보내야 하는 가을 외롭지만은 않네

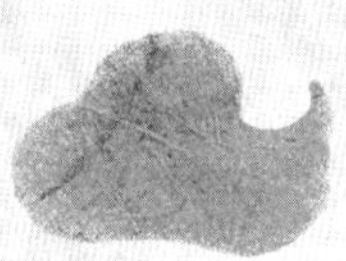

사랑이
그리운 자리

내 어둠

먹물을 담뿍 묻혀
화선지에 콕 찍었다
점 점 점 번져간다

그 위로 눈물 한 방울
콕 얹었다
해일이 일더니
산꼭대기에 앉혀놓는다

산이 덮쳐왔다
이산 저산
산 산 산 틈이 없다

연시의 추억

간짓대 손에 들고
어린 손자 감 따느라
목도 대롱 감도 대롱

허리 굽은 할머니
아픈 허리 끙끙
얻어터져 여기저기 팽개친 감
망태 가득 주워 담아
장독광에 헤쳐 놓고

항아리에 감 줄 한 켜 쌀겨 한 켜
연시가 될 때까지 그리움 재어 두고
냉가슴 움켜잡고 기다림은 시작되네

첫눈 오면
둑길 밟고 올 거라는
막내딸 기리움으로

–늘 고모를 기다리던 할머니를 추억하며

푸념

뒷집 목포댁 눈에 쌍심지 켜고 즈그 서방 잡는디
오따메 별일이랑게요 겁나게 얌전하던 새악시
어찌 그리 암팡지던지 옆집 사는 네 살 더 먹은 아짐 보고
웃었다고 그리 잡은다요?
잘난 신랑 혼쭐났당게요
또 잘난 신랑은 어떤디요
지 새악시가 시상에서 지일 이쁘다잖소
둘이 노는 꼬라지 보니 가관이랑게요
시상에 보이는 게 없고 즈그 둘뿐이랑게요
그래서 시상은 여전히 잘 돌아간 개비요
쪼게 느글거려도 보기는 좋습디다
평생 그리 살기 빌었지라

시상엔 벨아벨 사람들이 살아간당게요
없는 티 맨들어 질투로 쌩불 키고
즈그 새악시 잡아묵을라 하는 인간이 있는가 하면
사방팔방 싸돌아 다님서 엔간이 치마 풀풀 날리고 다녀도
모른다잉 하고 눈 질끔 감고 사는 냄편도 있지라
질투 중에 지일로 큰 질투가 뭣이갔소
사랑쌈이 지일 크다 하잖으오 왜들 긍가 모르겠서라

울 아부지 울 어메 사는 거 좀 봐 보시쇼
“자네 요거 잡사보소.”
“그것이 모당가요 잉.”
“장에 강께 김이 모락모락 나는 시루떡 보니 임자 생각나서 쪼깐만 싸라 했네.”
“입 주딩이 툭 불거진 할망구한테 산 개비요.”
“쓰잘데기 없는 소리 말구 한 볼태기 입에 넣게.”
“오메메 징하게 맛나요 잉.”
울 어메 꿍짝에 울 아부지 허허허
정게 나가 울 어메 체한다고 꿀차 한잔 타가지고
“임자 요거 마심시렁 찬찬히 들을랑가?”
“아니어라 이녘두 드시쇼.”
요런 질투해감시 백년해로 하는 부모,
맘 놓입디다
질투로 눈멀어 단번에 갈라서고
질투하다 생병 앓아 온 집안 거덜내서
어린 자석 눈에 눈물 내고
늙은 부모 피멍 들게 하는
못된 인간들 허다한디…

가을 서정

낙엽 지는 날
달이 차오르는 오두막에서
호젓이 고운 임 불러
귀뚜라미 반주에
옛 노래 부른다

저무는 산등성 노을 보며
두 눈에 타오른 갈의 풍경
두 발에 와 닿는 낙엽의 감촉

만남이란 건
살아 오르는 눈물방울
헤어짐은 기다림 속 희망

이렇게 가까운 곳에서
그리운 이 떠올리면
가을은 맑음으로 다가오고
내 고백 희미해져
가슴 깊이 너를 숨기리라

호젓한 산사 오두막집에
토끼 노루 둘러앉아
산 너머 이야기
갈잎에 묻어 버리고
가을 노래 부르며 살고 지고

얼어붙은 강

저 얼어붙은 강 너머로
멈칫거리며
뒤돌아 가지 못하는 사랑아
질투가 미움 되어
강기슭을 돌던 날
그토록 방황하다
차가운 강 너머로
울먹거리며 떠났나요

우리가 함께하며
부대꼈던 삶 가운데
무엇이 그리 한탄하게 하며
낯선 땅에서 움을 트려 하나요

쓰라린 마음 얼음 되어
목메다 잠이 들면
얼어붙은 강가 사랑
옛 전설로 흐르다
강 너머로 사라집니다

문 밖에서

길이 막혀 갈 수가 없다
제서 누가 오라 자꾸 부른다
가보면 닫힌 길
돌아서면
왜 안 오느냐 화를 낸다

진실은 맑아야 통하는 길인가
마음도 물처럼 흘러가는 것이라면
참 좋겠다
하나로 합해질 수 있으니

밤새
그 안으로 지나고 싶어
그 앞에서 서성거리다
차마 안부도 묻지 못하고
발걸음을 돌려야 했다

재회

해거름에 너를 보내며
시렸던 마음 한구석
잠 못 이뤄
밤새워 뒤척이다
나른해진 숨결 되어
아침 맞이하니
해돋이 속에 곱게 피어나
맑은 빛 속에 다시 찾아와 준
꽃 같은 당신은
한 움큼 사랑스러움으로
여전히 내 가슴에 머물러 있구나
어디에서든
정겨움으로 다가오는 당신은
삶의 긴 여정에서
차마 떨치고 가지 못할
숙명 같은 내 사랑이 되고 싶어라

사랑이 있는 풍경화

너를 보면 가슴이 아파
사랑이란 이런 거 아냐
너를 많이도 그리워하는 내 몸부림
그게 사랑의 열병이었어
너 없이 이룰 수 없는 사랑
너 없는 나
내가 없는 너는 없었던 거야

항상 방황하며 사는 인생
사랑은 살아있다는 표시였어
넌 이미 내게 와 있었고
난 빗장만 열어젖혀
너를 반기면 되었지
그리하여
사랑은 붉은색으로 시작해서
하늘색으로 끝낼 거야
샛노랑으로 덧칠하여
개나리 핀 하늘에 태양이 뜨도록
너는 나의 희망이니까

너를 거기에 두고서

내 사랑 반쪽을 남겨둔 채
돌아선 발아래서는 땅이 흔들흔들
온몸이 통증을 유발하고 바람 소리도 사라져 버렸다
이토록 가슴 아픈 것을 이별이라고 했나

떨어지길 재촉하는 시간의 바다
파도의 부름에도 차마 가지 못하고
다시 뛰어와 얼굴을 부비는 너
가슴을 껴안고 한참을 마주 보다
눈물을 훔치며 뒤돌아 보며보며 간다
너를 눈앞에 두고서

12월 추위는 내 사랑하는 이 차가운 손 만들어
그 손잡고 떨어질 줄 몰라 꿈이기를 바라던 내 사랑
이대로 함께 보금자리로 돌아갈 것만 같다는 내 사랑을
난 침묵으로 답해주고 돌아서야 했다
그리고 이토록 긴긴 가슴앓이가 시작됐다
너를 거기에 두고서

* 작은아이 입소하던 날

산사 음악회 단상

포실대던 마음 창밖 십 리 길
나목에 잠재우고
선율에 귀 내어주니
금관악기 웅장함이
바람 소리 입 막아
산소리 물소리도 다시 흐르게 한다

줄어가는 시간에
매일 늘어가는 잔영들
더러는 잊고자 하나
마음속 진동은 수도 없이 흔들려
숨 쉴 수 있는 한
되풀이되어야 하나

기다렸던 음악회 반만 채우고
천년 역사 지켜보며 풍화된 회색 기와
떨린 눈빛에 마음 반 내주고
막혔던 좁은 오솔길 마음 길로 이어져
마음 하나 겨우 눕힐 수 있었다

달빛 그리움

초야 치를 신부처럼
달빛에 살포시 손 내미니
두려움은 가시고 떨림만 남아
먹물 너른 들판에서 혼자인 줄 알았지

손 내미는 그 손 받아 주어
달빛 그림자 뒤엉켜 숨죽이던 날 밤
밤하늘 어리어리 뭔가 모르고 보듬어 안았지

타는 달빛 눅눅히 거친 호흡 토해 내
창호지 문살 젖을 즈음 잡은 손 살포시 풀어놓고서
뽀얀 안개 속으로 그림자 감추었지

밤이 오면 다시 오마 그 언약 없다 한들
달빛에 넋이 나가 눈 맞춘 그 밤
이별은 지워버렸기에

다시 오는 내일 밤 비구름에 가릴지라도
여전히 그리움으로 기다릴 거라네

첫눈 오는 날

젊은 사람도 비켜 갈 새벽 시간
노시인은 힘차게 노래합니다
"무슨 힘으로 이 시간까지 가무를 하십니까?"
"잠시 세상에 공부하러 온 게야."
"놀러 온 게 아니고요?"
송년이라고 아쉬운 마음 합해
한쪽에서 악악대는데 노시인이 그러셨습니다
"이 사람아, 세상에 잠시 공부하러 온 게야."
"아! 어떤 게 공부지요!"
노시인은 술 마시는 것도 공부라 했습니다
내 나이 불혹
선입관을 가지고 산 세월이 부끄러웠습니다
부부 싸움한 뒷집 아베 갈 데 찾다
고시원에 들어갔다 합니다
내 살 베면서 공부하러 갔을까요
누군가 맘 아프며 하는 공부
그것만은, 하지 말았으면 좋겠습니다
카페를 나서니 세상은 온통 하얀 눈밭
아, 첫 눈이었습니다
다들 제 길 찾아 발걸음을 옮기는데

나만 길 잃은 아이처럼 밤길을 헤맸습니다
"잠시 세상에 공부하러 온 게야."
누군가 되뇌는 소리 메아리치는 공간에서

우체통이 쓴 편지

그녀 이름은 기다림이다
오늘도 이른 아침부터
초췌한 모습으로 앞을 서성이다
배고픈 내 뱃속을 몇 번이고 손 넣어
휘저어 보고 글썽이며 돌아선다
돌아서는 그녀 보며
집 나간 할배 그리는 백발 된 할매가 떠오른다
반정신으로 할배 이름 중얼중얼
내 앞에 종일 쭈그리고 앉아 있었다

해 질 무렵이 오자
곱게 화장을 하고 그녀가 나온다
누구를 기다리는 것일까
별들의 이야기일까
어둠이 묻히고 이웃들이 휘젓고 간 자리
한 통의 편지를 발견한다
그녀의 천진스런 웃음, 그녀 너머 어린 고향이 보인다
그 편지는 그녀의 사랑이었다
그녀 이름은 기다림이다

방황

몸 녹여 때 박박 밀고 문 나오니
겨울바람이 어디론가 떠나라 등 떠민다
가다 보니 길은 막혀 있고
다리는 아파 오기 시작한다
목적 없이 나선 길이지만
굽이굽이 서린 한 절규하며
치마 쓰고 뛰어든 백제의 아사녀를
예당호서 만나고 싶었을까
이정표가 깊숙이 숨어
맴돈 영혼 쓰러 잡고 울고 있다
가려면 웃고 갈 거지 여백을 남겨
길 따라 울게 하는지
물살은 쉼 없이 밀려오고
지난 자리 아사녀 탑이 도도히 자리 잡고 있다
쉼 없이 무두질하며 달려온 발자국이 선명해
물러설 수 없는 몸부림이 요동을 한다
물속 깊숙이 숨어 있는
이정표 없는 그림자가
탑에 덮여 가지도 못하고
맴 돈 자리 쓸어안고 울고 있다

누부야

배꽃처럼 고운 누부야
젖 몸살 났단다
어린 동생 업어 키운 누부야
세상 한자락 잡고
술래잡기 잘도 하더니
열세 살 꽃망울 이제 피었단다

어이하리
담산재 넘어 고갯길
다 넘어 홀가분하게 쉬려니
풀풀 배꽃 한 움큼
우수수 떨어졌다니

누부 가슴
시린 바람 안기고
누부 위로 훌쩍 커버린 동생
파랑새 한 마리 배 밭에 날려 놓고
누부야 평생 업어 줄 터니
아프지만 말아달란다

봄을 기다리는 난초

겨울 혹독한 추위 속 멀어져 간 내 사람은
새순 돋는 봄을 기약하며 눈물을 짰다
사랑하지 않으면 아픔도 없겠지요
지금 곁에 없어도
내 안에 함께 숨쉬기에
기다림은 희망이라고
우리가 혹독한 추위에 견디는 것은
꽃이 피는 봄을 맞이하기 위함이요
향기로운 사람이 되고자 해서다
추위를 겪지 못한 난초는
그래서 향기가 없다
외로워도 참을 수 있는 것은
네 안에 내가 들어가 있기 때문
삶은 시련이 없으면 남는 게 없어 참는 것이다
뒤돌아가지 않으려 마냥 기다리는 것이다
날 닮은 너
너 닮은 나
그 날을 위해
침묵을 지켜 후회하지 않게 살려 입 다문다

그 이름을 불러 주기 전에도

더듬거리며 올라온 산
나무들이 인사하며 이름을 불러 달라
바라보는 눈빛에
어둠 가신 아침을 내몰고 갑니다
산과 들을 향해 대답도 못 하면서
불러 달라 조릅니다
무어라 부를지
쑥스러움에 차마 부르지 못하고
입안에서만 맴을 돕니다
내일은 해봐야지
나직이 연습하기 시작합니다
"이쁜 나무님!"
울컥하며 오래전부터 안고 산 체증 사라지고
나무의 떨림이 시선을 간질입니다
소리 내어 부르지 않아도 내숭 속에 자리 잡은
친구는 이런 것인가 봅니다
몸의 전율에 응답하며
이미 친구로 남아 있었습니다
그 이름을 불러 주기 전에도

목포 뒷개

언 계절
눈꽃 흩날리는 둔치서
바다가 다독거린다
검고 흰 포말 그리며
포기하지 마라
나룻배 대신 발동선이 즐비하고
맑은 물소리 출렁대던 모랫길이
방파제로 변해 몸살 앓은 바다가 참아라
목쉰 절규 가슴 타들어
염전 일구어 놓고
되려 견디라 한다
진득진득 개펄들
억압된 짓눌림에
폐허로 남지 않고
밀려오는 오물 토해 가며
되려 위로를 한다
외로운 고행 길
순간까지 모른다 해도
놓지 말고 혼불 다해
그대 앞에 서라 한다

눈 녹으면 봄은 오나

토담 아래 눈
손대는 이 없나
매일 봐도 그대로
바람이 지나가다
참새 한 마리 불러 주어
발자국 꾸욱
해님이 지나다가
하얀 속살 훔쳐보다
눈도 발자국도 지워버렸네

초라한 토담 밑
눈물만 고여
볼품없는 정경
정붙이다 가고 말면
긴 정적뿐
봄기별에 다시 꿈틀
샛노랗게 움터 오는
토담 밑 살림살이

삶의 자리

서로 마주하고도 늘 외롭다는 건
산다는 걸 새기면서였을까
진눈깨비 머리에 인 채
고개 내민 투정, 속주머니에 가두고
너의 흔적 찾으러 나서본다
스치는 길 위의 풍경은
어릴 때의 매혹을 간직하고
소박하고 정갈스런 마을 분위기는
추억을 휘저어 가는 옛 향기에 이끌리어
인생의 덧없음을 지난 발자취로
청빈하고 소박한 삶의 가치를 행동으로 일깨워주며
속 깊은 곳에 고여 있는 삶의 자리
살아 있는 모든 것이 소멸로 향해가도
몸서리치는 외로움에 한 줌 눈물 훔칠지라도
내 속에 고여 있는 삶의 자리 위로
달큰한 눈 내리는 소리가
사르르 가슴속에서 왕래한다

봄비를 만나

색깔 없는 비가 내립니다
펼쳐 보아도 글자가 없는
알몸으로 보여주는 저 비는
그토록 기다리던 봄비인가요
지난겨울과 이별의 눈인사조차 못했는데
서둘러 봄비는 내린단 말인가요

일 번 국도로 내리는 비는
그리움을 담고 밤을 달립니다
헤매다 돌아갈 안식처가 있다는 게
참 행복하다 생각합니다

한 줄의 시로
봄비는, 인생을 이야기하자 말합니다
어제는 햇빛과 구름을 주고
오늘은 바람과 비를 주어야 하는
어제와 오늘이 다른 이유를 묻고
길과 들판을 청소하러 떠납니다
덩달아 내 속을 꺼내 털고 닦아 청소를 마칩니다
내일은 꽃씨 하나 움 트일 거라며

벚꽃이 흩날릴 때

자동차가 지나는 길 위에
내 임의 눈물과 한숨이 꽃처럼 흩날립니다

아침저녁으로 오가며
꽃잎이 흩날리는 길 위에
임은 보이지 않고
예전에 임이 바라보았을 길 위에
내 임의 한숨 같은 벚꽃이
눈물 되어 하염없이 떨어집니다

내 임이 있어 무심히 무심했던 꽃잎들
꽃으로 피어 머무는 계절이
손잡고 걷던 세월만큼 아픈
그리움의 햇수만 늘려 흩날립니다

홀로 바라보는 눈앞에 봄은 내게 없고
벚꽃의 향기는 죽어도 못 잊을
내 임의 눈물과 한숨 삭힌 냄새로
애달피 흩날립니다

사랑이 그리운 자리

힘든 고초 견디며 그리운 얼굴 만나리라
삭풍에 겨울 이겨내고 마주한 시간은
하고많은 날보다 그리도 쏜살같이 흘러가나
"이 마음 아무도 몰라"
첫 새벽에 일어나 떠나며 칭얼대는 너를 껴안고
체취를 기억해두려 긴 숨을 들이켠다
차마 문밖을 나가지도 못한 채
너를 보내고 서성대는 이 애절한 몸짓은
이 밤이 다 가도록 뒤척거리는 너처럼
어제를 다 잃어버린 거처럼
내일이 다가오지 않을 거처럼
가슴 짜게 떨어짐에 눈물짓지만
내일 또 태양이 떠오르고
별이 뜨길 기다리면 희망은 다시 솟아오르고
새롭게 기다림의 정점에서 또 만나리
사랑아
보고 싶으면 참지 말고 눈물 지어라
힘들면 마음으로 자꾸 부르거라
응답하리라

까병에 걸리다

세상사 빙글빙글
바깥세상 구경 나가보니
잠자다 온 모양 부스스
햇살 속에 눈부시다 눈 돌리는 모양새
자신 없어 이리 흔들
덜컹대는 잔 가슴
이럴까 저럴까 까병*에 걸려
한낮의 걸음걸이 힘에 겹네

숨 가쁨에 칭얼대는 유달산
잔잔히 다독이며
내 품으로 돌아오라

엇그제 다녀 온 고향 뜰 꽃 잔치
꼬부랑 늙은 어미 홍도화 그늘 숨어
눈물 훔치며 가라가라 손짓이
압해도 건너 멀리 뵈는 고하도와
합세해서 재촉함이
언제 올래?

*까병: 마음속에서 이럴까 저럴까 갈등하는 것

피다 만 목련아

황톳길 위로 가리 네 가고 내 떠나면
겨울비 내려 차가운 순결 목련화로 피어
오래전 마주 잡은 인연 이제 놓고서
가벼이 서서 울었던 세월 지우고
웃으며 떠나가리라
철없이 바동대던 세월 행복했노라
기억하며 떠나가리라
저리도, 매일 밤이슬 받아 묵직해진 꽃몽울
제 몸 받쳐 주며 안달하던 대궁
힘겨워 소리 내어 울어 애니 어쩌란 말인가

꽃잎 피기 전에 닫고서
황톳길 위로 한 잎 한 잎 날려버리리라
그래서 목련이 피기 전에
목련은 금방 그리 사라졌노라
사람들은 잠시 입 모으고
우리 임 한숨 속에 피었다
진달래 피면 지워지리라
네 가고 내 떠나면 피다 만 목련아

무너진 실존

집 옆 저수지 찾아가
바닥 훤한 맑은 물에 손 담그면
은어가 떼 지어 간질이던 강과 동심
강물에 종이배 띄워
미풍에 실어 보내면
마음도 두둥실 끝없이 날아
희망으로 부풀어 설레던 날들
그때가 꿈
암울한 이 시대
막힌 숨 내뱉을 공간 찾지 못해
오염된 상처 곪아있는데
뒤죽박죽 혼돈을 수습하려
마음을 다 잡아
겨우 목욕통에 숨어들어
앉아 있노라니
벌떼들이 와글와글 머릿속에 집 지며
주인 행세한다
무너져버린 실존
무엇이 허이고 실인가…

불면

언질 한번 없이
백 년의 침묵 더는 견디지 못해

미친 듯 달려들어
입술을 포갠 채로

보곱던 뺨과 뺨만 부비고
숨죽이고 돌아서려다

스스로 풀어헤친 열꽃 바다에 빠져
꽃대롱에 매달아 허우적

피지 못한 꽃들이 운다
지쳐 지쳐서 꽃들이 운다

여전히 그대는

자폐

대문에 빗장을 잠그고
마당에서 혼자 노는 아이
술래잡기도 하고
땅따먹기도 하고
혼자 놀다가
방에 들어와 방문을 꼭꼭 잠그고
가슴속 색을 꺼내
꽃도 그리고 새도 그리고
세상을 그려 나간다

사람은 그려지지 않았다
지치도록 고요한 방에서
그림만 살아서 움직인다

움직일 수 없는 아이
색지 안에서
홀로 세상 밖을 헤맨다

비빔밥

밥과 열무김치, 부추가 모여
나는 나야 너와 달라
너와 나는 같을 수 없어
서로 잘났다 뽐을 냈어요
한 식구를 만들기 위해서
보다 못한 고추장이 꾀를 부려
놋그릇 안으로 다 모이라 했지요
몸을 섞고 비비면서
서로 터지고 부대끼며
그릇 속은 아우성
그러다가 살이 짓무르고
서로의 아픔을 알게 되었어요
서로의 말에 귀 기울기 시작했지요
내 몸이 네 몸, 서로 뭉치게 되었고
시선도 따뜻해지기 시작했어요
어느덧 한가족이 되었어요
저를 다 버리는 고추장이 가끔은
큰 양푼에 몸을 던져 우애 많은 가족에게
붉은 사랑의 꽃을 피워낸다네요

고장 난 다리의 추억

부모님이 주신 온전한 몸을 원해 수술실 입성이다
폐가 제 기능을 못해 전신마취는 불가능
두런두런 쨍그랑 가위 소리
고기를 절단하는 정육점의 낯익은 톱질 소리
망가뜨려 끊어진 원죄로 일곱 시간 반 동안 재정비다

단죄로 박은 쇠 핀이 말썽을 부린다
피고름 통증은 신음을 봉해도 피울음
한 주먹 약을 털어 넣고 혼미해져
생육신과 사육신의 가늠할 수 없는 형벌로
그렇게, 여름은 두 번 가고
겨드랑이 굳은 딱지와 생채기는 속살을 내보여
쇠 핀과 목발이 닿은 옷마다 해져 볼썽사납다
아! 누가 이 고행을 자청했나
심안의 눈이 떠지고
오만이 시간표의 비밀을 잡고 돌아왔다
장애아의 아픔 휘몰이로
손 내미는 친구로 추파를 던진다
내 사람은 못 견뎌 떠났어도
손이 필요하면 발이 필요하면 여기 있노라

어두운 밤 불을 켜다

공간에 홀로이
고요 속 흐름 뒤
습관 된 스위치의 작동
깜박이는 등불
한참의 당혹스러움이다
등을 교체하자고
굳은 결의로 오른 의자
찐득한 땀이
침침한 불빛에 반사되어
네모 세모 별이 된다
엇눌린 장단
다듬이 소리
낡은 벽 타고 반디 꽃으로 피어올라
네 귀퉁이 막힌 후미진 공간
들숨 날숨만 세다
면벽이 익숙해지니
사람인 나로 마주 앉아
정직한 등불을 켠다

따스한 창

어둠이 별빛에 묻어나면
날 내모는 잠재 본능이
올려보던 따스한 창

오늘은 불 꺼진 어둠으로
애오라지 아픔을 품고
고됨으로 달구어진 몸짓에 응답한다

허리 꺾어 반기는 모습이
평생 녹일 수 없는 그리움 담아
군불 많이 땐 흔적으로
몸에 멍 담뿍 안고

그동안의 세월 잘 참아주며
태산같이 버텨준 몸 바친 사랑
뒤돌아보면 그림자처럼 우뚝 서 있다

가버린 무심

자다 일어나 보니
잊고 지낸 무심이
아프다 소리를 한다
어디를 어찌 어루만져야 할지
망연자실 한참을 울었다
그동안 닫아 두고
애써 부정했던 무심의 날과
시간을 죽이며 가슴을 삭히던 나날
사랑의 이름으로 엮어지지 않아
가슴 저리게
홀로 수행의 길을 선택한 그대라는 이름
세월을 애써 삼키려다
비명에 떠나버린 무심이
손짓을 해 보건만 못 본 척한다
어떡해야 할지
어쩌면 좋을지
가버린 무심
가며가며 찾고 싶지만
한 번 떠나버린 시간 마음 없어
다시는 돌아올 수 없다
무심한 얼굴 돌린다
푸름 위에 구름 헤치고
태양이 있나 확인하고 싶다
별 내리쬘 그날이 올지

토끼풀

소 꼴 비다 꼴망태 팽개치고
누워 그리던 꿈 나래
토끼풀 마당 희망노래

이리 뒹굴 저리 뒹굴
쉬~도 하고 잠도 자던
세월 가도 선명한
그때 그 시절

오줌싸개 커서
사내애 델꼬 와
꽃반지 끼워 주고
입맞춤의 행운 안겨주던 곳

강가의 바람꽃

흔들지 마세요
흐르는 물살에
가쁜 숨
몰아쉬고 있어요

쫓아오지 마세요
성급한 바람결
세상에 휩쓸린 몸
지쳐 있어요

떨고 있어요
바람이 된 향기
임에게 묻히고자
두려움 견디고 있어요

이제 바람만 부세요
강 저 건너편에서
희망이
나를 찾다 울테니까

광덕산 판타지

잠든 산자락 덮고
여름밤은 꿈을 꾼다

숨죽여 흐르는 계곡물 소리
정적 고요 평화를 만끽하기에는
한여름 밤은 짧기만 하다

먹빛 어둠, 가지마다 별 등 켜고
보금자리 튼 산새의
꿈꾸며 요동치는 몸 위로
별똥이 우수수 쏟아진다

잊어야 하는 순간에도 잔영으로 남아
못 잊게 만든
현실을 가로채 버린 판타지
그 딜레마에 빠져
한여름 밤, 꿈이 허덕거린다

파전

입맛 당기는 파전
한 저금* 들어보니
불현듯 그 곁에
아버지와 동동주가 떠오른당께요
비 오면 매운 파전
파전 생각항게 동동주 속에
아버지의 눈물이 비죽거리더랑께요
갓 담은 파김치에만
매운 눈물이 있는 게 아니고
설익은 파전에도
매운 눈물이 있더랑께요
설익은 세월에 취해
아버지가 울었을까요 잉
그 향기만큼 매운 눈물이
스르르 나를 울려분지더랑께요

* 저금=젓가락

초등학교 축시

– 삼향초등학교 총동문회에서

유달산 바라보며 다져온 세월이어라
서해 바닷물 살 헤치며 건너온 세월이어라

한 백 년 다 채운 팔순 남짓 잘 닦아 다져진 터전에
어린 영웅들의 숨결 모이고 크면서
세상의 소금을 만들어낸 보금자리이어라

내일의 밝은 희망 사랑과 정의를 소망하며
역사에 길이 빛날 인재를 길러
진리를 펴리라 여기에 모였어라

사회의 일그러진 정의 앞에
굽힐 줄 모르는 이 시대 동문이여
진정 삼향의 다져진 디딤돌이 되어
그 아들딸에서 아들딸로 세세토록 이어 가거라

바다와 너른 들판을 보며 자란 삼향의 가족이여
좁은 울타리에 갇힌 이 나라를
너른 세상으로 인도하는 등대가 될지어다

복분자

수줍은 눈길로
좌중에 뿌리는 여인의 향기
붉은 가슴 보일 듯 어설픈 유혹

어질병이 있는 줄 알겠지만
사람 냄새 그윽한 게 함정
꺼풀 풀린 눈 비명 질러도
내게 빠진 너에게
난 내 일에 충실할 수밖에

내 인생 언제 끝이려나
적당히 없이 늘 넘치어 억억대니
몇 미터 앞에서 다독이나
이미 네 피가 된 내 영혼

낙엽

수신자가 지워진 편지 한 통
아무렇게나 버려져 길거리를 굴러다닌다

사람들의 발길에 짓이겨 흉물스런 폐물로 전락
거리의 무법자로 어딘가 옮겨가야 하는 곁에
이빨 빠진 아버지의 눈물이 구겨져 울고 있다

잉크 자국 선명하던 꿈도 덩달아 바람에 날리고
모두에게 잊힌 옛 여인 곁으로 사람들이 지나쳐간다

가을밤 선잠 깨어

그리움 묻고 살까
잠결 옥죄는 가슴 통증
꿈속에 놓고 오려던
꽃 빛 속의 詩가
선잠 깨어 홀로 흐느낍니다
산문 같던 가을비는
밤새 주위를 서성이고
온몸을 추위로 얼려
노란 은행잎에 써 보낸
삶의 잡다한 이야기는
홀로 간직할 몫입니다
이대로 쓰고 지우다 보면
새벽녘에도 붙일 수 없는 눈
가을비 다칠까 봐 마음 닫아두고
은행잎 멍들까 다가가지 못하니
지지리도 못난 마음 아픈 이야기
차마 말할 수 없는 고백 속
그리울 때마다 취하는 고독 한 잔
그리울 때마다 한 줄씩만 쓰렵니다

이녁 내 말 좀 듣소

이녁 어짜면 좋단가요 잉
이녁 하는 게 맨날 이녁 몸만 챙겨 싼 거 같아
화딱지가 오지게 나서 말이시
꽈악 나 없이 한번 살아봐랑
떠남 쪼께 반길랑가 떠나 봉게
웬수같이 따라붙어 칠을 낸 거는
이녁이 아니고 내 아니였당게요 잉
깜빡 잊어 불고 오메 좋은 사람 하다가도
아 이럼 안 되겠제
지맘 지도 모르게 가슴을 쳤당게요
우리 이러끄롬에 이녁이 그러셨지라
지 책임도 아니고 이녁 책임도 아니고
다 윗분 뜻이라고 이녁 그게 참말이랑가요
그렇담 이녁은 징하게 웬수랑게요
몬 인연이 고런 인연도 있다요
요리 떨어져 개 닭쳐다 보듯 살아야 한당가요
이녁은 이녁대로 지는 지대로
이게 몬 꼴이라요?
시상을 다 비워 불믄 다 얻는다고 하셨당가요

벨 꼬라지를 다 본당게요
가진 것도 없는데 비울 게 모있고
그라지들 마시쇼
시상에 목구녕까지 차올라서 캑캑 거림 서두
눈 휘둥그리 뜨고
발광 딴스 하는 잡것들 봐 보랑게요
내사 천불이 나서 못 살겠소
이녁 입이 있음 모시라 말 좀 해보시쇼

봄바람 전설
- 운초의 춘풍기를 읽고

희미한 옛 임 그림자 묻어난 작은 집에
떠난 사랑 훈김 남아 임 그리는 애잔함
전설 속 엮인 이야기 내 속을 들끓이네

실버들 하늘거리는 기다림 서글퍼서
꿈속에서 님의 품에 안겨 사르르 눈을 감고
온종일 창 너머로 눈가는 걸 거두려네

님 체취 봄바람에 꽃 향으로 다가오니
떠난 님 돌아온 듯 매무새 치장해도
바람만 시리게 할 뿐 그림자도 없네

옛 임이 돌아올까 온밤을 지새워도
묵은 잔설 속에 추억만 애달프고
눈물만 창문 넘어온 봄바람에 안기네

* 노랫말 작시

여전히 그대는

바람 고운 날
곱게 핀 너를 보니
괜스레 노여움만 느는 것은
꽃향기 때문일까

지금 날 잊고 사는 너
꽃향기에 묻어온 임 소식이
꽃비로 내린다

안부가 없다 한들
내 묻지를 못한다 한들
꽃 지는 눈빛 안에
감춰진 살가움으로
내 가슴 안에 너를 두리라

마음이 풍랑인가
어디선가 바람이 불어오니
꽃잎이 하르르 편지를 쓴다
그리고 허공에서 멈춰버린다

그 여름 너머

물안개가 강을 덮쳤다
달콤한 신음을 토해냈다
해당화가 강물에 뿌려졌다
가시에 찔린 손이 울고 있다
그녀는 간음 중이다

무심화 無心花

홀로 피어 있을까
순수로 머물다
마음을 빼앗아 버린 그 산 위에 꽃
봄날에 발길 잡아
오래 흐를수록 통증이다
입술 깨물고 가슴 움켜쥐어도
열병이다

그 산길 그 꽃도
내 병을 앓고 있을까
꽃은 말이 없고
굳건한 돌 틈 사이
뚫어져 버린 그 길 위로
약속된 빈자리
이미 꽃으로 서 있는데

가을 나무는 상처투성이다

허리에서 우두둑 소리가 난다
반복되는 통증과 몸이 따로 듯이
매일 침을 맞는 입장과 주는 입장도 다를 것이다
그대 생각과 내 생각이 달라 애별을 하였듯이
한때는 쓸 만했던 허리가
컴컴한 나를 눈치채지 못하게
멈춘 내 시간표를 꽁꽁 얼려 놓고
텅 빈 침대에서
낯선 사람을 만들어 허우적대게 한다
가을이 되어버린 몸
그래서 가을 나무는 상처 투성이 속에 별이 뜨고
내 사랑도 저물어 갈 것이다

삼계탕

알몸으로 두 손 마주 잡고
거웃 살내 부끄러워 움츠리다
좁은 그릇 안에 끼여 애원하는 너는
평생 따스한 해를 본 적이 있더냐
푸른 들판을 뛰어 본 적이 있더냐
육신을 던져서야 자유를 찾은 너는
아낌없이 가슴을 열어 주니
네 가슴 송두리째 후벼 파며 새삼 눈물이 나
내 속도 덩달아 수도꼭지에 씻어 낸다
지독히도 쌓인 냄새가 끓어 자꾸만 올라오는 듯
짧은 네 속이 타듯 내 속도 탔던 거냐
아린 마늘로 가슴을 쓸며
맑고 정결한 용기를 가시라 삼을 담고
붉은 대추에 깊은 사랑 담은 너
너처럼 온몸 던져
평생 못다 푼 사랑 들이밀고 싶다
가슴 안 하늘을 안고
힘차게 나는 한 마리 닭이 된다

옛집

나직한 돌담 너머 마을 길 돌아보면
그윽이 일어나는 옛 집의 향수들만
고운 태 받잡고 서서 지어내는 사색의 꿈

몇 백 년 지쳐 흘러 흙벽은 떨어지고
마음을 뒤흔드는 조상의 숨결들이
설화산 중봉 너머로 아스라이 젖어가네

고개를 낮추면은 부딪치는 법이 없다
마음의 귀로 듣는 묵향에 담은 훈시
나른한 갈바람만 옛 임 기리라고 부추기네

내딛는 옷섶 타고 정겹게 숨은 밀어
부드럽게 흙 묻은 퀴퀴한 기억들이
올곧은 겸손함으로 다듬어서 살라 하네

옛집 2

뉘신가 가을볕에 태워도 꺼지지 않는
석양에 빛살 걸어 불 댕긴 그리움과
때 묻은 문틈 사이로 설피게 물든 창호지

뉘신가 나들이 떠나며 남겨 놓은 약속자리
목메는 고샅길에 안겨오는 낮달 보며
단풍 물 한 사발 받아 그리운 정 담은 임

뉘신가 덥혀 앉은 구들장 먼 기억들만
더디게 휘어지고 꺾어진 그 자리에
묵묵히 군불을 지펴 추억으로 오시는 이

차를 덖던 날

장작불을 지피고
찻잎을 반쯤 갈라 솥 안에 넣고 비빈다
낭창스러운 게 여리한 게
치댈 때마다 더해가는 강인함은
콧물에 땀 물까지 배여
여문 손끝에서 여름 산 색이 되었다

그렇게 그 속에 배인
나를 닮은 차향은
나의 일상의 말과
나의 행동의 잣대가 어우러져
맛깔스런 차도 되고
성깔 맞은 차로 만난다

찻잎에 얼크러진 나를 닮은 차맛
찻물에 담겨 있는 도도함에
취기가 돌아 일어설 줄 몰랐다

가을을 그리며

작은 개울 건너 아담한 오두막
주변 들풀 어지러이 흐트러져 있다

목 미어지게 푸릇한 가을 하늘
어디선가 서신이라도 올 것 같은데

임자 없는 줄기엔 작은 포도 열매 매달려
주인 기다리며 까만 눈망울 동글동글

옆길 따라 성큼 내딛는 발걸음
어느새 흐트러진 잎사귀에 정이 어린다

곱게 분단장한 초가을 언니
여름 손님을 배웅한다

부모

어금니가 밤새도록 아프다
의사가 옆 이를 위해 빼자 한다
전이 되어 퉁퉁 부은 이를
혀가 감싸며 병원을 나선다
신경이 타들어 고통의 늪이다
그래도 어금니를 뺄 수는 없다

태어나기 전부터 아파한 어금니
푸릇한 날 임플란트를 했으면 편했을까
평생 자유롭지 못한 몸의 통증보다
지켜주지 못한 남은 자리가 더 아프다
패치를 찾아 다시금 고통을 줄이고
먼 이국을 그리던 앞니로 밥을 먹는다

아직은 끄떡없다며 일어난 노모의
구겨진 이부자리 눈동자 사이로
깊은 우물 된 여인
삼십 년 소원했던 아내가 거기 울고 있다
나만큼 아내의 이도 아팠을 거라고는 생각 못했다
그래도 어금니를 뺄 수는 없다

아버지의 뜰

팔 언저리에 와 닿는 병상 모서리가 자못 시리다
구순의 서리꽃인 우리 엄마
하루 열 번 아프면
하루 열 번 달래고
무섭다 칭얼거리면
말없이 안아주는 아버지

서늘함이 살갗에서 느껴지는 구월
온종일 꽃을 피워 낼 듯이
곤두선 마음을 지우고
때늦은 나무를 가꾸어 벌 나비를 불러 모으는
아버지의 뜰

마음 엉켜 섞어 서로를 보듬고 싶어
절박한 마음으로 늘 곁에 종종거려도
엄마뿐인 아버지의 뜰에는
회한의 꽃이 피어 있다
속죄의 꽃이 피어 있다

바다를 추억하다
– 나를 키운 바다에 서서

일 년 만의 고향 집 마당 앞에 선다
마주 서 있는 섬, 섬
바람이 지나간다
바다를 묻혀 온 그리던 냄새

섬은 그대로 그 자리에 서 있어 보이지만
바다는 물안개 걷어내고
눈을 현혹하던 빛나는 비늘을 벗어 던져야
다시 태어난다는 것을
물살을 찌르던 비수를 뽑아내야
비로소 어른이 된다는 것을 기억해 낸다

푸른 마음으로 자라라 다독이며
하늘빛으로 가득 채워 주던 바다
바람이 지나가고 바람을 찌르던 비수로
물살을 흔들어야 다시 살아갈 수 있다는 것을

바다에는 섬, 섬이 있다
섬을 지키는 오랜 눈이 있다
섬은 여전히 평온하고
바라보는 사람도 그대로다

기억 속 저곳에

너를 향한 기도

남은 그림에 빗나간 덧칠이 없었으면 좋겠다
흐리한 밑그림에 가시 같은 아픔이 없었으면 좋겠다
솜씨를 부린 들 하늘과 땅의 그림을 따라가겠는가
화려한 도시의 성급함에 눈길 주는 사이
해와 달 꽃과 나무가 존재하는 한
철조망 같은 방해물이 없었으면 좋겠다
삼거리공원 능수버들처럼 고개 숙인 마음이면
미완의 그림은 완성되겠는가
공원길 작은 꽃에
환하게 웃음 주는 그런 웃음만 있었으면 좋겠다
한 사람만이라도 품을 수 있는
그랬으면, 좋겠다

앵초꽃 만나다

산사나무 큰 꽃나무에 눈길 주는 사이
몰래 피어난 앵초꽃
앵초꽃 피어나니
기억할 수 없는 상실감이 보입니다
젊은 날 오도카니 앵초 꽃에 기대 꿈꾸던 시간이
이내 어디론가 날아갑니다
몇 세기 말라 있다 피어난 산사나무 관 속에
예정된 부활이 일어나도
앵초꽃은 조금도 상하지 않았습니다

서로 다른 환경을 뛰어넘은 불면의 시간 사이
무성하게 피어나는 앵초꽃 산사나무
꽃 둘레 마구 피어
부활의 상처 아물게 한 사랑으로 남았습니다

사람에게 아낌없이 향기를 나눠주는 앵초꽃
마찰의 작은 상처 덧나도
단단한 사랑으로 산사나무 지켜내듯
우리도 그런 사이였으면 합니다

사랑해요 엄마

모두가 다 자는 밤에
살갗에 닿는 느낌이 아주 좋아
엄마의 가슴으로 파고들던 밤을 기억하나요
아주 간절히 달빛도 먹고 별빛도 먹으며
한가족이 되기를 기다렸어요
그때, 세상에 태어나려면
천천히 기다림부터 배워야 한다고
그렇게 말해주신 분이 있었어요
생명의 씨앗으로 첫 번째 심장도 주셨어요
솜털 구름처럼 편안한 엄마의 몸
저는 그 속에서 점점 자라게 되었어요
토닥이며 매일 이야기도 들려주고
천상의 음악도 듣게 되고
그런데 내 귀가 자꾸 이상했어요
자꾸만 바스락거리는 엄마의 몸 밖으로 낯선 소리
"새싹아."
포근한 엄마 품만큼 듬직한 아빠의 음성인가 봐요
세상에 나가면
빨리 보고 싶은 엄마 아빠
내가 두려워할 때마다

커다란 두 손이 내 손을 잡아 줄 거잖아요
엄마를 통해 아침 햇살이 입맞춤해요

초록의 세상
진달래 개나리가 만발한 오월
보이는 세상은 참 아름다워요
이 아름다운 세상에서
엄마 아빠 할머니 할아버지 이모 삼촌
모두가 나를 반기네요
그 모두의 새싹이가 된 것이 기쁘고 감사해요
세상을 밝히는 등불이 될 때까지 지켜봐 주세요
사랑해요 엄마

성탄절 이브

십이월, 잠시 찾아오는 낯선 외로움을
떨칠 수 없다면
그대 그리움이 깃든 십자가를 마주 보세요
온 누리 하얗게 물든 눈길을 따라
지치도록 헤매다가
견딜 수 없을 만큼
하늘의 은총이 그리워지면
말구유 아기 예수의
첫울음 소리를 귀담아들어 보세요
세상에 입술로 못 전한 사연들이
캐럴의 향연으로 그대를 부르네요
기다림의 예수가 사랑으로 보낸 은총이
그 이해와 아픔의 무게만큼
지상의 눈꽃으로 피어나게 하네요
저 아늑한 곳에서부터
아래로
다시 태어나는 모든 생명이 다 아름답듯이
사랑과 사랑으로 서로의 온기를 나누라네요

운초를 기리며

질박한 삶 온몸으로 견뎌 오다
열아홉 순정 임을 향해 개화하고

지고지순한 녹천당 사연들
이생에 다 못다 푼 채 임이 가시던 날
마음의 모서리 소용돌이치던 묵향의 치마폭에는
응결된 여인의 한이 사무칩니다

임이 이녁 향해 사모한 만치 생을 향한 그 애절함은
태화산 산바람에 맴돌고 있는 한결같은 절개로
내 섧은 청춘을 보쌈해 간
내 사랑을 책임지고 싶어집니다

태화산 어디에도 임은 보이지 않지만
가무와 시문 속에 감춰진 얼음 같은 영혼이
사람들 가슴속에 깊은 火印으로 남겨놓은
아름다운 상사곡 보탑시님은 시인이십니다

기억 속 저곳에
–꽃으로 치매를 덮다

꽃들이 만개한 거리 지나
골목 끝머리 병실에는
꽃들이 쌀이 되길 갈망하던 엄마가
꽃이 되어 이밥으로 떨어져 있다

기억 너머 저곳에서는
풍요가 피어 난 처음으로
경사가 났다고
자지러질 듯 손뼉 치는 사이로
가난한 시절을 일으켜 세워
네 활개를 치거나 문지방에 걸터앉아 관망한다

아슴한 통증은 기억이 남긴 울음을 엮어
움켜쥔 손끝으로
삐져나온 꽃잎이 넋을 잃고
간호인의 단호한 손길이 어지러울 즈음
한동안 잊어버린 향기가 목울대서 서성인다
누가 세월은 죄가 없다 했나
言語까지도 팔아 버리고
미안한 웃음만 기억을 한다

상사화

석 달 열흘 열병으로 꽃무릇 타버리면
푸릇한 젊음 모습 통째로 지는가
기리운 듯 스러지다 애달픈 탄식 소리
불갑사 종소리가 쇠리쇠리 후리는구나

일주문 가는 길은
해 종일 노승의 깊숙한 인연의 독경으로
어긋난 사랑 내려놓으면
예전에 멀리 떠난 서러움은
저기 저기에서 차라리 너로 있겠다는 말인가

어리석게도 내 혈흔이 저기 고여 있는 한
애진 마음 꽃부리에 담아 보겠다는 나인가
아! 희끗해진 그리움아
꽃무릇 서서히 씻어보리다

산에 올라 사진 속 내력을 묻다

땀 밴 가쁜 숨을 밀쳐내면
가지 사이 흐르는 바람에
가을 냄새가 배여 나온다
낡은 계단마다 고인 햇볕이 발을 감싸고
팔을 뻗치면 파란 물이 들 것 같은 푸른 하늘
바람이 엣지 있게
도토리 한 됫박을 뿌려 주는 통에
머리를 맞아도 그저 기분 좋은 가을 상흔
발걸음에 놀라 도망가는 다람쥐
까망 눈을 뜨고 위압적인 그대 닮은 청솔모
미덥지 못한 그도 집이 그리울까
전화번호 1번을 누르면 부재중
하롱베이 닌빈의 산판배 해조음이 들린다
방부 처리된 호치민 시신 같은 여자와
그가 날 선 등선에서 활짝 웃고 있다
내력을 묻고 있는 여자
이해한다는 것은 너를 모를 때이다

산은 지금 내 곁에 있다

봄 편지

수척하도록 이 몸이 아픈 것은
오만한 절망에 도달한 무관심이었지요
꽃으로 남기에 너무 짧은 봄
꽃봉오리 맺힐 희망 없다 하지 마세요
어쩌다 한번 그리운 시선 목말라
선인장이 되고 싶던 때가 있었어요
강인한 가시에 콕콕 찔러
그 안에 꽃으로 피어나고 싶었지요
이렇게 무관심에 말라 죽으면
누가 당신을 지켜 줄까요
흘러가는 것들은 멈추지 않아요
꽃으로 남기에는 너무 짧은 봄
시련을 이기고 혼자 크는 모습 응원해 주세요
이 몸에 박혀 있는 애잔한 상처
꽃으로 피어나고 싶어요
눈에 보이는 것만 사랑하지 마세요
아직 피지 못한 내 속에 예쁜 내가 숨어 있어요

임의 자존심

어지러운 세상살이
각박한 현실 안에
온몸 던져
인고의 나날을 보냈더라도
결코 초라하지 않는 것은
의연한 내가 남아 있기 때문이다
천 근 무게로
심장을 후비는 생활고에도
포기할 수 없는 것은
삶의 한가운데
희망으로 살아 있어서이다
나를 지킬 수 있는 것은
마지막 남은 생명력이기에
깊은 밤
퍼붓는 술잔 속에
곧은 선비의 넋으로
와 닿는 너는
영원히 그 안에서
침묵으로 남아 있으리

은총으로

한밤중 목이 말라
주방에 갔습니다
냉장고 문을 여니
하얀 별들이 쏟아져 나옵니다
주방 창문으로 보이는
교회종탑으로 내려와 있던 별들이
물통 안에 가득히 모여 있습니다
나는 별을 마셨습니다
별이 물이 될 때까지
물이 내가 될 때까지
매일 밤 냉장고 문을 열어
별을 먹겠습니다
사람이 사람으로 살아가야 합니다

그녀는 여행준비 중이다

그녀가 짐을 싼다 촉촉한 기도는 내 몫이다
그녀 다시 짐을 풀어 밥을 짓는다

잃어버린 목소리, 왼팔이 손짓한다
밥 다 됐으니 어서 오라고
세상 밖의 언어로 쌀을 씻어
병실에 생솔가지가 한가득이다

숨통이 조여온다
도망 가다가다 상처가 나면서
헐거워진 탯줄 우는 소리 들어야 한다
미친 듯 허기를 느낀다
수화기를 든다
–밥 안 먹었제
찾고 싶은 시간이 나를 동여맨다
옥죈 매듭에서 내 몸에 전해오는
생솔가지 타는 냄새
보내고 싶지 않아요

주 : 삼 년 동안 늘 곁에 계시던 어머니가 내 가슴에서 점점 밀쳐지니
죄짓고 있다는 말만으로 나를 씻어 내고 있다.

고맙습니다 사랑합니다
– 김수환 추기경을 추모하며

그대 하늘이라 불렀던 날 있었지요
그대가 별이라 부르던 날 있었지요
제각각 이름을 가지는 별들처럼
그대도 나도 풀리지 않는 암호로
생의 비밀을 간직하고 이 세상 태어나
그대는 무엇하러 비밀의 문을 통과했나요
신을 향해 배우지도 닮지도 못한 나와
순종의 모습으로 살아 있는 삶을 사신 임
같은 시대 같은 별에서 태어났지만
우리는 너무나 다르네요
나눔의 삶을 몸소 실천하며
지친 영혼을 가득 채워준 감동
–고맙습니다 사랑합니다
마음에서 마음으로 가는
긴 여행길을 남겨 놓으신 그대
그대가 별이라 부르던 날 기억하겠어요
그대 하늘이라 불렀던 날 기억하겠어요

북경의 공원에서

공원에 나갔더니 사람들이 앉아 이야기한다
피부도 같고 얼굴도 낯설지 않은데
우랄알타이 어디쯤서 등을 보인 건가
저 혼자 누워버린 말 대신
팽팽하게 버티는 맥박소리 들려주면
단절된 순간, 생명으로 이어붙여지지 않으랴
낯익은 바람 소리에 얹혀
작은 새들의 재잘거림 보고 있자니
바라볼수록 맑아지는 눈 따라
전신을 파고 도는 피돌기도 끝나
갈망으로 퍼덕거리는 몸짓의 외침 애탄다

당신과 하나가 될 수 있기를
어린 숲이 자라 깊어질수록
자유로운 새들의 세상처럼 비로소 박차고 나왔지만
부자연스런 몸짓으로 다가갈수록
안개 기둥 하나씩 내보이는 당신
사람의 몸으로 전혀 가늠할 수 없는
온몸이 안개인 당신께 세상의 불빛을 전하고 싶다

기다림

너인가 문을 열면 신문 보라는
너인가 전화를 들면 보험 들라는
적막 깬 높은 화음
너 대신 비 오는 소리 귀 기울이면
발자국 통통
너 이런 듯 묻혀온 치자꽃 향내
돌아서 지친 눈물 훔칠 즈음이면
허기진 배 채우라고 흩뿌리는 꽃잎들

그리움으로 나는

얼마 동안 못 볼 거 같아 작별을 고하고 온
개망초 지천인 포구 마동 개펄에
구멍 내어 줄 하나 연결하고
밤마다 밀고 당기는 연습을 한다
꿈결에서 퍼덕대는 고기들은 저인가요
가만가만 다가가면 도망가는 게들은 당신인가요
깊이를 몰라 가다 멈추면 가슴에 안기는 촉감
으스러지게 끌어당기면 비로소 감지되는 포구
가슴속 울렁거림 사위어지며
그토록 원했던 배 한 척 바다에 띄워진다

말갛게 부서지는 정지된 시름
힘찬 뱃고동 소리로 숨은 집 깨우고
은둔을 가장한 혼자 놀던 시간 막을 내려
개망초 내 안에서 꽃으로 피어난다

수줍은 별이 머리 위에서 묻는다
꽃이 피면 또 어디로 가야 하나요
피고 지고 피고 지고 사랑이 그러듯이

사랑, 그 후

선착장 외진 곳이다
이름도 다 외우지 못한 들꽃들이
오랜 친구인 양 흐붓이 반겨주건만
꽃의 추파에도 무너지지 못한 타인의 얼굴은
섣달 얼음장보다 더 차갑게 굳어 있다
때 되면 강 밑에서 붙잡을 수도 없이
하얀 꽃잎으로 흘러간다는 표정이다
인생이 별거 아니라고 꽃들의 웃음에
너그러운 체념으로 먼 물소리 듣던 날
아버지 뵈러 가던 강둑 민들레 상기된 홍조가
주점에서 피어나
스물하나 갓 피어난 미소 안으로
뭉텅이로 빠져 나가버린 세월이 스멀거리고
그날처럼 따스하기를
타인의 꿈은 그 안에서 타들어 갔다
주점 뒷좌석 낯선 웃음소리 별개건만
이유 없이 따라 웃고
정리 안 된 간절한 사유 남아서일까
타인들끼리 팽팽한 줄 하나 이어 놓고
온몸 촉수 곤두세워 합창하고 있다

낯선 여자

흰 고무신 21문이 막힌다며 22문을 신기 시작한 엄마가
낯선 파마머리로 나타나
쪽 찐 머리 붙여 오라 바둥 댔다
발에 징 박히고 억새꽃 무성한
팔 남매 엄마도 여자였다

이국에 와 엄마라는 간판을 걸고
청소를 마치면 요리를 한다
낯익은 당근과 양파가 곰살궂은 타국어로
진열대에 빼곡히 붙여서 결사적으로 돌진해 온다
엄마가 되기 위해서는 기억해야 하는 이름들
무한한 확률로 완벽하기까지
외부와 격리된 담장은 높기만 한다

종종 낯선 그 여자가 그리워진다
아들은 곱고 예쁜 건 친구 거라며 챙긴다
작은 수고에도 다독이며 보호하려 한다
찌르래미 우는 가을 길을 기억해 냈다
저만큼에서 낯선 그 여자가

바스락거리는 가랑잎으로 누워 있다
꿈틀대는 내 안의 적요 빗대어
그 길 위로 올라섰다, 소리 내어 밟다
찌르르 찌르륵— 앓는 소리가 난다

레테의 강

다 간하고 싶다 수 없이 되뇌어도
꽃이 지고 터지고 내리고 진다는 것을 알기에
네 이름 내 이름을 기억 못 해
그래서 슬픔이 되는 것도
어제 만난 그리움이 보고 싶음이라는 걸 잊어도
그저 작은 키의 나무가
꽃잎을 먼저 터뜨렸을 뿐이라고
그도 한때의 빛깔과 향기로
삶을 사랑했다고 추억하고
부러 잊지 않으러 애태움만 더한 것임을
깊은 가슴 사랑으로 배웠을 뿐이라

올해에도 가을은 오고
머지않아 망각의 지침과
낙엽의 쓸쓸함이 거리를 휩쓸면
어김없이 계절을 방황하는 그도
가슴속 소리 없는 절규로
무엇을 누리고 어떻게 살았는지
줄기차게 물어 오리라
나답게 살았는지

사진을 감상하다

사람 흔적 없는 빈 섬
하조대 어디쯤인가
그의 미소가 환하다
한 살 아이 눈빛으로
맑은 웃음소리가
사진 밖으로 톡 튀어나온다

사랑이 새가 되던 날 숨죽이던 검은 바다가
썰물이 져나간 바위 위에서
힘센 밀물을 두 다리에 눕히고
소금 꽃으로 피어 있다
그것이 꽃인 줄도 모르고
부러움으로
꽃숭어리 뭉텅 떼어 나눠 갖고 싶다

빈 들녘처럼 추었던 기억이 난다
빼앗긴 가슴이 말라갈 즈음
홀연히 찾아와 개화해준 오래전 사랑
천 년 전 정해진 사랑
그 사랑을 하라던 율법을 흘러 보낸다

잃어버린 너 찾아

논둑길 걸어 강가로 가면
잃어버린 시간은
땅 밑에서 숨을 쉬며
무거운 머리 하늘 들지 말고
자꾸 숙이라 강요한다
머릿속 어지름 하늘 보면 편할 텐데
외로운 사람은 땅만 내려다본다

논둑길 걸어 강가로 가면
물장구치다 옷 잃고
맨몸으로 나래치고
친구 따라 빨래하다
물에 빠져 허우적 꼬맹이
외로운 사람은 강물도 그립다

비가 내리기 시작한다
빗방울이 탱글탱글 포물선을 그린다
강이 가슴앓이로
몸살을 하다 논둑길을 덮친다
잃어버린 너 찾아

고향 뜰에서

달도 기운 초사흘 뜰 안은 먹물 밴 풍경화
더듬더듬 돌로 쌓은 화단 한 귀퉁이서
수채화 한 폭을 그려본다

왕산과 바다가 합쳐진 이곳 코지배 골목에
철이가 순인지 순이가 철인지
언 땅 위에 아우성치며 움트려는 새싹들
저를 위해 생겨난 세상
백사장이 천하 되고 골목에서 여왕 되어
상고머리 반바지 허리춤에 걸쳐 입고
천방지축 날뛰던 사내 같은 녀석
시만 읽고 있으면 대학은 절로 가고
밥이 나오느냐 옷이 나오느냐
성화하던 어머니 지우고 못내 바이런을 사랑하나
이 땅위에 가난한 시인 된 두 아이 엄마다
귀뚜라미 말간 노래가 장단을 맞춘다
정겨운 풀 냄새가 잔잔히 부는 실바람 타고
별들만 쏟아지는 뜰안
떠나는 내 젊음을 잡고 색칠을 한다

비의 명상

검은 머리에 와 있는
새치처럼 봄비가 오네
눈발을 보며 겨우내 기다렸던
흐린 눈가 아래로 태어난 잔주름이
골마다 작은 꽃망울 소리 없이 터트리네
뻣뻣한 내 몸이 봄비로 젖어
떠나지 않던 추위와 갈증이
온몸 상처 따라 따스하게 녹여지네
천천히 연초록 발바닥까지
생명의 감사함으로 그렇게
세상은 다시금 환호와 기쁨을 선물하네
봄비를 맞으며
간이화단에 올망올망 가득 피워 낸 꽃들 곁에
빈 의자 하나 세우고
이런 사랑을 모르는
쫓기듯 사는 그대의 봄비가 되고 싶네
봄비 따라 가끔은

육신

토실한 육신 잘 가꾼 반평생을 접어야 하는 가을
허기진 입으로 내 몸의 살을 베어 먹기 수개월
내 몸은 미세한 흔들림만 있어도 반응한다
그동안 내게 일어난 모든 일을 기억하고 있는 몸
살을 먹은 게 아니었다
내 몸 구석구석 쌓여 있는 우회의 찌꺼기를 먹은 것이다
감사와 기쁨을 잊고 나태함을 삼킨 것뿐이다
상처와 아픔을 가지고 너를 아프게 했던 무딘 성정이
흔들리는 시간을 거친 뒤에야 찾은 안정감
방향을 찾지 못해 헤매던 시간이 평형을 이루어
이제 가벼움으로 너에게 가고자 한다

미세한 흔들림만 있어도
영혼 깊숙이 날카로운 반응을 한다

태화산 일기

산늘 내려앉은 그곳, 아이들 꿈이 자라는 산등성
추억 길 낮은 봉오리가 이제는 높게만 보이는 산
맑은 이야기 못내 그리워 지친 마음 안으로
아름다운 동요 속 애상 한줄기 담아본다

내 속에 갇혀 사는 맘이야 너 하나 나 하나 품고 있으면
천 년이 흐른다 한들 바람 소리 새소리 물소리 어찌 잊을까
운초 김부용 추모제를 핑계 삼아
잿빛 무덤을 지나 백 년 전 파란 하늘을 보고 싶었다
싱그런 바람과 초록의 이파리가 그때도 여전했으리라

정겹던 꿈이 계곡 어디쯤 숨어있을 듯하여
분홍빛 진달래 수줍은 사랑이 있을까 하여
겨드랑이로 빠져나가는 바람도 잊은 채
진달래 대신 한 움큼 쥐어 담은 아기 쑥
바구니 가득 시어 안으로 정겨운 얼굴 둘 훈, 혁
삶이란, 흐르는 세월에 맡기고 한 결로 부르는 노래
'훈이랑 혁이랑'
북으로 남으로 그리운 그림자 멀어져 간다

강진 할배
– 다산정약용 축제마당에서

옥빛 바닷가 남도에 묶여
백성 위한 마음 초지일관
목민심서 펴내신 만덕산 아래
백련사 동백 숲에는
부엉이가 한번 울 때마다
뜨거운 숨 쉬는 우리 할배 계시니
숲 바람 품은 한 초당에 묻어 두고
자손에게 찾지 말라 우리 할배 그 말씀
자손 대대 쓰라려 찾지 못하는 유배의 땅
할배 손녀 이제 털고
동문 밖 주막에서 시름 달래며
가족이 그리워 솔바람에 편지 쓰시던
고성산 보은 산방에 오늘 내가 찾아가오
할배 손길 묻어 있는 丁石바위
뵐치지 못한 한 천일삭에 통곡할세
멀리서 우리 할매 눈물 씻고
졸망졸망 자식 건사
오늘 내가 있어 찾아가오
여러 시인 낭송 시 先人 뜻 기리려니
우리 할배 굿 마당에 덩실덩실 한 푸소서

* 36대 다산 정약용 축제마당에서

아들에게

아들아
삶이 힘들게 하는 날에는 열 달 엄마가 너를 품고
세상에서 가장 행복해했다는 걸 기억하려마
봉서산 비탈 말 먹이로 심어 놓은 풀밭 위에서
함께 뒹굴던 그 여름 천진스런 풀꽃 웃음 날리던 날
아련하구나!
한밤에 극기 훈련받으러 깜깜한 산속에서 구호 외치다
새파래서 들어오던 날 기억하니?
아침에 아빠랑 달리다 힘들어서 얼굴이 진달래 되어
눈물 흘리며 들어오던 네 모습
아들아
낯선 거리 이방인 속에 끼어 문득 외로움이 스미거든
간절함으로 기도하렴 그 속에서 내 너를 찾을게
사람살이엔 늘 만나고 헤어지며 그리워하는 것
우리에게 이별은 또 다른 새 모습을 볼 수 있어 기쁜 것
아들아 남겨두자 성숙한 너와 나의 만남을 위해
빈 공백을 헤어짐이라 말하지 말자
네가 내 곁을 떠나 있어도
난 너를 늘 지켜볼 것이다

2003. 12. 3.

기다림에 지친 날에

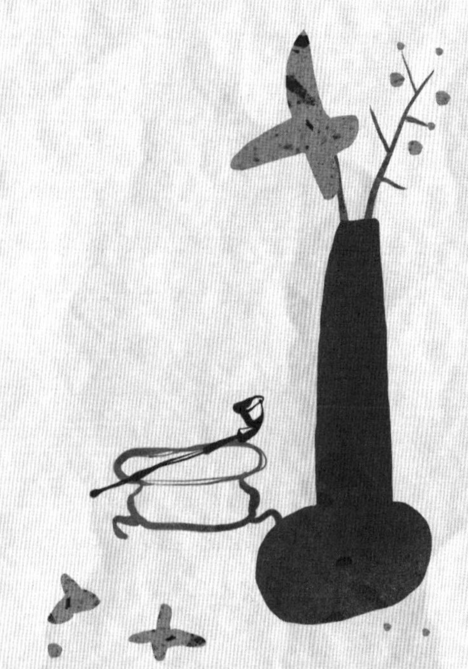

홍시

뜰안 가득
단감들이 주렁주렁 열렸다고
유난히 홍시를 좋아하는 딸에게
어머니는 전화했다
아버지 생신 때는 꼭 내려오라고
그 사나운 매미가 지나갔어도
뜰은 풍성하나 보다

사념思念의 벙어리가 갈무리 되는 추억 하나
그 가운데 서면 유난히 홍시를 싫어하는 소녀를 만난다
홍시를 배설해 팔아 부자 됐다는 할머니의 옛날이야기
제삿날이면 몰래 저고리 섶에서 꺼내주시던 홍시
눈이 펑펑 오면 어김없이 오는 홍시 선물
궤짝 앞에 온 가족 모여 맛있게 먹던 홍시
그러나 난 먹을 수가 없었다
이야기 속 주인공 되어 팔러 다녀야 할 거 같아
초등학교 5학년이던 날
옆 큰댁에 여행하고 돌아온
할머니가 많이 아파 누워 계셨다
매일 코 묻은 돈으로 사탕이며 과자를 사서

할머니 머리맡에 몰래 놓고 나왔다
그런 어느 날
눈감고 계시던 할머니가 내 손을 잡고
사탕 그만 사오라며 홍시 한 개를 건네주셨다
할미 앞에서 꼭 먹으라고 난 울면서 먹었고
얼마 후에 할머니는 돌아가셨다
그 후 홍시는 할머니였다
이 가을에도 할머니는 내 곁에서 머무실 거다

숯가마

산청 숯가마에 도착하니
사람들이 햇빛과 바람을 막고
동굴 앞에 모여있다

마지막 생을 마감 짓기 위해
자궁문 활짝 열고 온몸 던져
나무는 의식을 치르는 중
평생 사람에게 주고도 남아
떠나면서까지 뿌리고 가야 하나
훨훨 타는 불꽃 앞에
사람들은 지친 몸 한쪽
힘겹게 펼쳐놓고
원시로 돌아가 있다

불꽃 마주하고
다시 자궁에서 태어나기 위해
천지가 개벽하기 전 어둠으로
캄캄한 칠흑이지만
태반 속에서 보듬는 작업을 한다

사랑의 물결

아기가 아장아장
한 뼘 더 큰 아이 통통
작은 손 잡고 걷는 길
어릴 적 손 잡혀 걸었던 길
초록 물든 길가 낯익은 들꽃
토끼풀 민들레
미나리아재비 천진한 모습
어릴 적 초록 친구의 아가들
십 리 길 그 아가 아가들이
조잘조잘 가는 동안
두 볼은 진달래를 닮고
두 눈은 물빛 초록을 닮아
아장아장 통통통 뛰어가는 모습
철~썩 뉼 위에 통통배
사랑의 합창을 한다

기다리고 있던 외할머니
한 가슴 두 가슴 세 가슴
한 겹 두 겹 세 겹
동그라미를 그린다

오른다리가 아픈 왼다리에게

이브, 당신 눈 감아요
성성한 나 노 저어 캄캄한 바다 등대
간혹 보이는 밤을 달려 우리의 섬에 가리다
시간 미룬 아픔으로 멍든 그대를 껴안고 땅을 내려
한발 한발 섬을 따라가다 기우뚱 당신이 넘어졌소
시간이 멈추는 줄 알았소
숨을 쉴 수가 없었소
지상의 몸살로 우리가 시련 받아
그대 아직도 아파하지만 그의 불찰 탓하지는 않겠소
오른쪽에서 이렇게 지켜 길고 긴 여행을 함께하리다
이브, 이제 눈을 떠봐요
우리 작은 오두막에 도착했소
별빛이 가로등과 어울려 춤을 추오
촛불이 입맞춤을 하자 하오
겨울 무설꽃이 움텄소
이브, 이제는 울지 마시오
세월이 가면 불이 준 상처 지워지리라
자, 봅시다 상처가 어떠한지 보여주시겠소
"아야, 오른다리님, 아프오니
올린 다리 그만 내려 놓으소."

낮달

그때 수줍음에 말도 못하고
영혼 깊숙 반달로 남아
그리움 숨기고 냉갈만 피더니
이제는 네온에 밀리어
다 자란 달이 되어 본들
떳떳이 어둠을 밝힐 수가 없음이
콧등 시리게 어제 추억 더듬다
오늘 만난 남루한 모습
여전히 오늘도 낮달로 남아
그리움만 피운다

생일 일기

열섬에 갇힌 뜨거운 통증
밤새 신음으로 날을 밝혔다
신명나는 첫 울음소리
새벽을 알리던 그날
해산국도 변변히 못 들었다는 엄마
미역 한 다발 뚝 끊어 물에 담그고
빈속으로 건강검진 받으러 간다

줄줄이 아들 낳고
한여름 찌는 더위 날
나를 낳고 우쭐하셨다는 나의 엄마
풀풀 나는 비릿한 냄새
단손에 누울 수 없어
산후 처리, 한 보퉁이 머리 이고
냇가로 달려가셨다지
울먹울먹 전화통에 엄마 부르니
에고 내 새끼다

삼 년 전
엄마 자궁에서 다시 얻은 삶
동서남북 흩어진 가족
서로 살대고 살 수 없어 안부만 묻는 세월
어디를 가나 하늘의 보살핌에
아름답게 꽃을 피워라, 임의 기도 묻어나고
지난 내 나이가
나의 임 속에서 세상을 알리는 첫울음이 되다

열무김치

나를 가둔 세상, 푸름 뿐인 세상
비와 바람은 고독을 가르치며
통통한 초록대 만들었지만
어느 날 너를 만나고부터
나만의 색깔을 지워야 했다
물속에 빠져 정신을 잃고
나의 의지를 졸도시키면서
소금물 속에서 가볍게 다시 태어난 몸
붉은 양념과 부대끼며
뜨겁도록 애무를 했다
보리밥과 어우러져 구수한 삶에 취하고
시골집 긴긴 밤에 고구마 만나
열정과 희열을 알게 되었다
조상 대대로 내림 속에 키운 사랑
부대끼며 달아오르는 감칠맛
이제, 너에게 그 맛을 길이 새겨주마

콩나물

서방님과 알콩달콩 살아온
안방에 난데없이 나타나
주인인 양 요강 위
엉덩이 까고 앉은 너는 누구냐
마흔 너머 자고 나면 허전한 아침
서방님 홀려 내 사랑 뺏어간 너
머리끄덩이를 쥐고 한 움큼 뽑는다
어린것이 금쪽같은 내 낭군 꼬드겨
밤새 술 마시게 하고
그것도 모자라 아침이면
턱 하니 밥상에 먼저 오르는 너
네가 이러고도 성할 듯싶더냐
고춧가루 팍 뿌려 얼큰하게
꼬인 뱃속부터 푼 다음
너, 영원히 골로 보내주마

소유하지 않은 사랑

한 꺼풀을 벗고 나면 하얗게 부서지는 파편
조각 모으기로 밤새 엮다 그마저 놓치고
혼을 불러 깨워 헤매던 시간

몽유병 환자처럼 새벽은 기억조차 못 하지만
이렇게 내 앞에서 새근거리며 자는 너만은
아침에 눈을 떠 환한 평온함으로
밤길 생채기 피해 가라 하고 싶다
태양을 닮아 다가서는 이 따스함 주고
단비 되어 생명체 양분되었으면 싶다

너를 보면 다시 시작하고 싶은 용기
그 자리 선 넌 그대로만 있어라
잡을 힘 부치지만 굼뜬 숨을 쉰다
약속을 주기 위해, 이대로는 아니라고

기다림이 지친 날에

그대 기다림에 지친 날
문밖에서 헤매는 영혼
잡아줄 사람 찾아보셔요
가끔 질퍽대는 마음
내게 아니어서 나도 모를 때
참을성만 배워 침소의 침묵으로 일괄 마시고
매일 제시간에 떠나는 시간 차에 올라보셔요
살아온 날 부대껴 터진 상흔
다독이는 끝없는 응답 소리
귀 기울여 보셔요
시골 간이역 종착지로 가는 열차에는
문밖에서 헤매는 영혼들이 모여
세상 떠돌다 가슴 병 도져
치유하지 못한 채 귀향하는
기다리고 있는 환호가 들릴 겁니다
그대 기다리림이 지친 날에는
시골 간이역에 내려보셔요
그대를 껴안을 늙으신 어머니가
오래전부터 거기 서 계실 겁니다

행복지수

행복 찾아
하늘 별 따라가다
배고픔에 지친 나그네

첫눈 오길 기다리며
잎사귀 뒤에 숨어 있는
홍시 하나 발견 못 하고
어둠 속에 묻힌 그림자만
땅바닥에 내려놓는다

지나치던 나그네 바람
바람에 날려 보내줄까 말까
망설이다 첫눈 깨우러 간다

쌈밥

싱그러운 젊음
이슬처럼 터지는 눈길 한번에
고백 한마디 필요 없이
이룬 마당 한 가득

온갖 치장한 새색시의
설레는 첫날밤처럼
행복해 하는 임의 모습 따라
붉힌 수줍음으로
임의 마음속을 파고듭니다

그대가 있어 아름다운 세상
풍요로운 포만으로
추운 겨울 속살 쪼이는 햇볕
길을 헤매도 또 떠오르는
연둣빛으로 다가오는
임은 나의 양식입니다

미완의 형체

벽제 하늘에는 불빛 너울 쓰고
이 별에서 저 별로 떠나는 여자가 있다
살아서 힘든 무게 다 털고
가벼운 몸짓으로
등불이 흔들릴 때마다 달려드는 불나비
불꽃의 그을림으로 산 그녀가 춤을 춘다

철벽의 바람 집을 지어두고
무게를 견디지 못하고 비틀대는 나
지금도 갈갈이 찢긴 꽃잎들이
연줄 하나 붙잡고 하늘을 날려 하는데
그녀는 연줄을 놓아 버리고
밤 열두 시 남자의 울음으로 막을 내린다
미안함으로 막을 내리는지
또 다른 인연의 막을 올리는지
불나비 한 쌍
비릿한 꽃가루 뿌리며 어눌한 몸짓으로 춤을 춘다
누가 아나
또다시
태어나기 위한 갈래 길 간절한 확인인지

여전히 그대는

바람 고운 날
곱게 핀 너를 보니
괜스레 노여움만 느는 것은
꽃향기 때문일까

지금 날 잊고 사는 너
꽃향기에 묻어온 임 소식이
꽃비로 내린다

안부가 없다 한들
내 묻지를 못한다 한들
꽃 지는 눈빛 안에
감춰진 살가움으로
내 가슴 안에 너를 두리라

마음이 풍랑인가
어디선가 바람이 불어오니
꽃잎이 하르르 편지를 쓴다
그리고 허공에서 멈춰버린다

그 남자의 가을

가을 한 자락이 밤거리를 서성이고
텅 빈 세월 보듬고 사는 한 남자 눈에 가을비가 내린다

지난밤 온기 없는 빈집에
끊임없는 기침 소리가 그의 집을 삼켜
찬 새벽을 더 춥게 한다
지문이 벗겨진 벽
손때 묻은 도화지가 빼곡히 붙어 있다
서툰 몸짓의 어린 아들이 그리다가 만 아빠 얼굴이다

술에 갇힌 몸이 낙엽으로 부서지는 곁에
자폐적 고집으로 부서진
가족을 위한 통곡의 화음이
내던진 알몸뚱이로 추락한다
자신을 버리지 못한 번뇌 속
가을비보다 더 찬 인연을
뼛속 깊이 꺼내 놓지 못하고
혼자 콜록콜록 흐느끼는 걸
가을 이야기로 덮어버린 길 위로
텅 빈 가을이 보듬어 안는다

문턱

할아버지 꽃상여 타고
문턱 넘어 먼 길 떠났네
오라비들 짐 싸들고 대처로 공부한다
문턱 넘어 떠났네

넘어서면 별거 아니라는데
문턱 위를 넘지 못하고
주저앉아 울기만 했네
홀로 남은 빈방
문 연 채 눈 빠지도록
장에 간 엄마 기다렸네
마실 갈 엄두도 못 낸 문턱
지금도
여전히 높기만 하네
한 발 뒤로 물러섰다
한 발 다가서서 바라다보네

그 문턱을 넘을 양으로

축원

어느 세월
남겨 놓은 미련
미숙한 사랑 안에 채운 반 잔 술
큰 사랑으로 데워
술잔 부딪치는 소리 흥겹게
맺힌 이야기 풀어가며 웃을 수 있을까

어느 세월
힘겹게 피어
가을 풀꽃으로 그냥 져버린
마른 풀들 모아
아궁이에 지펴 넣고
도란도란 가을 노래 부를 수 있을까

어느 세월
퇴색된 청춘
함께할 수 있다면
낡은 사진기 필름 되감아
계절 따라 열두 판만 찍는다면
지난 온 세월 지워지고
침묵하는 세월 빨리 건너갈 수 있을까

면사포의 언약

하얀 면사포의 언약
세월 가면 퇴색될까 두려워
가슴속 굽이굽이 사연
곱게 접어 임의 품에 가둔 채

옛 – 수줍던 오월의 신부
풋풋함의 그 젊던 신랑
여름 향기 속 요란하던
아이들의 웃음소리

가을 서리 내리는
밭이랑에
얹혀진 고운 노을
그대 손잡고 걸어가면
다가올 삭풍도 두렵지 않아요.

2004. 5. 16

오월의 신부

맑은 영혼 고운 숨결
긴긴 기다림 위에 날 누이고
이제야 이 가슴 파고드나요

사랑을 사랑이라 말할 수 없던
눈물 꽃 멍울진 긴긴 세월
풋내 나던 사랑 끌어안아
이제는 지난 세월 소등해도 되오리까

그대 향해 함께하고 싶은
넘실대던 젖은 소망
육신으로 스며들며
타오르는 영혼의 숨소리
온몸으로 받아 내어
안개꽃 피워내는 밤들

잊지 마세요
세월 흘러도
거기 그렇게
영원한 그림자로 함께할 테니

왜목 가는 길

더디 가도 그만인
왜목 가는 길

밤바다 인연 줄에
오늘 또 왔네

검푸른 별똥 품에
잠자는 바다

잠 못 이룬 갈바람
온몸으로 파고드니

허선한 가슴 한편
어머니 품속 그리워

애꿎은 불꽃놀이
내 사랑 가득 실어 하늘 위로 쏘아 댔네

망초의 독백

버리려 할 때 굳건한 의지
동화 같은 몸짓으로 나타나
희망을 심어 주었다지요
넝쿨에 엉키어 숨조차 쉴 수 없을 때
꽃대 세워 주며 지배를 거부한
삶의 영토 넓혀주었던 거라지요

햇살조차 등 돌려 자생하는 의지로
유실을 막아주며 연약한 몸
이 땅 위에 설 수 있게 했다지요

행한 가슴, 버려진 몸이라 여겼을 때
개척자 같은 모습으로
손을 뻗쳐 이끌어 주었던 거였어요
뿌리를 뽑히어도 피하지 않고
자신을 버리려 하는 이한텐 버티지 않은
언제고 눈에 띄는 곳이면 함께하는
그곳이 우리의 땅이 되었던 거였어요

그곳에 홍도화가 있네

낯익은 대문 언제나 열려있네
전화기 옆에 그렁그렁 숨소리 여전하네
장단 맞추며 피어나는 홍도화 꽃잎
일 년을 기다리다 붉은 눈물 담장 너머 적시는 게
그 가지에서 붉게 배이는 게
여태 손톱 밑 가시 빼지 못한 모정 따라
홍도화 저도 소식이 궁금하였다네

객지로 가기 전
삼천 원에 댓 소주 한 병 얹혀 주고
심어 놓고 떠난 지 삼십여 년
누가 꽃의 주인인지 모르겠다더니
이제 한 생애 자리를 옮기려 하네
질 때가 되었다고 성화네

병실 입구 터를 잡고 꽃대를 곧추세워
몸뚱이를 겨냥하니 나비들이 나오네
꽃잎이 붉게 뭉쳐 나비가 된 것이라네
나비들이 문밖을 서성인 게
여전히 안부가 그리운 것이라
병실 문에 문패까지 달아있네

낙지의 일생

썰물이 술래잡기를 할 즈음, 동굴에서 나와
낙지는 바람을 등에 업고 돌진을 한다
아무 일 없이 지나가도 괜찮아했으련만
배 횟집 바닥에 떨어질 그쯤
정신을 놓은 걸 기억해야 한다
경쾌한 도마 소리가 이별이라는 걸 알고
죽음 뒤쪽에서 누군가 신의 손으로 생을 부여잡듯
금단의 접시를 타 넘어 도망을 간다
음흉한 웃음으로 동정하는 척 다리를 감아올려
처음 땅을 딛고 일어선다

거만한 바다가 한편이라고
저 힘으로 넓은 바다를 사랑하며
부르튼 빨판으로 탁발하고
아무 일도 없는 것처럼
동굴 같은 집 지키며 기다렸다
검은 머리 풀고 칠흑 같은 밤 견디었으리라

다시는 돌아가지 못할 곳에
차디찬 다리 떨리지 않게 되었다고
모르는 낙지 같은 사람
따라왔다 죽음을 거부하고
몸이 몸을 거부하고
도망을 가다
결국은 낯선 배를 채워
생명의 잉태를 한다

진달래

꽃이 피었다
네 웃는 웃음에 한동안 넋이 나간 것처럼

외눈박이 창틈 햇살 한 줌으로
어머니가 화전을 부치신다
−엄마, 꽃이 아파해 안 먹을래요
밥으로 살아가는 일이 너무 무거워
꽃대 수그려 울던 눈물로
어머니는 우리들 머리 감겨 목마른 사월
가지 잡고 살아 남으려 발버둥쳤다

꽃으로 산다는 게 외로운 일
골방 가득 숨겨둔 그리움 아홉쯤에서
꽃대 세운 입안에 피가 고였다

밭냉이 품 팔러 가는 날

밭냉이 삐죽 비 온다고 촐랑대다
우산살에 눈 찔려
징징 짜며 품 팔러 간다

눈물 찔끔 한쪽 눈 감고서
비 오는 길 울퉁불퉁 논둑길 헤매는데
논냉이 소리 질러
꾀 부리지 말고 어여 가라 한다

일터에 자리 잡고 이틀이면 나올 새싹
화난다고 파 헤치니
기다림을 배워라 논냉이 소리친다

때가 됐다 먹고 일하자
가져온 새참 앞에 두고 울먹이는데
논냉이 애정을 구걸하냐
야단, 야단이었다

논냉이: 꽃말-열정적인 사랑으로, 4~5월에 핀다.
2004. 4. 27. 봄비 오는 날

저절로 가슴이 훈훈해지는 '오래된 그리움'의 서정

호병탁 (시인 · 문학평론가)

1.

시집 제목은 《오래된 그리움을 담다》다. 제목 그대로 시편들에는 많은 '그리움'이 다양한 형태로 담겨있다. 그래서 그런지 시제 자체에도 <그 그리운 이름 하나>, <달빛 그리움>, <사랑이 그리운 자리>, <그리움으로 나는> 등이 산견되고 있다. 그러하니 시 내용에는 얼마나 많은 그리움의 물결이 출렁대고 있을 것인가.

'그리움'이 '기다림'을 생성하는 것은 당연한 이치다. 따라서 많은 시편에는 '그리움의 실현'을 갈망하는 안타까운 기다림의 마음 또한 일렁이고 있다. 그리움의 대상은 언제나 지나간 과거다. 비록 그것이 몇 년 전에 만난 사람이었든, 몇 시간 전에 일어났든 일이었든 이미 몇 년 전과 몇 시간 전 자체가 과거인 것이다. 기다림은 아직 이루어지지 않은 바람이다. 그것이 몇 년 후에 이루어질지, 내일 이루어질지는 알

수 없다. 그러나 몇 년 후든 내일이든 이는 모두 확실히 미래에 속하는 것이다. 과거와 미래라는 '시간의 간극' 은 언제나 '공간의 간극' 과 함께 인간의 정서를 촉발시키는 중요한 요소가 된다. 그리하여 그리움과 기다림은 인간의 보편적 정서를 자양으로 하는 시 예술에 끊임없는 화두로 존속하게 되는 것이다.

그리움과 기다림이 변주되는 작품 하나를 보자.

초야 치를 신부처럼
달빛에 살포시 손 내미니
두려움은 가시고 떨림만 남아
먹물 너른 들판에서 혼자인 줄 알았지

손 내미는 그 손 받아 주어
달빛 그림자 뒤엉켜 숨죽이던 날 밤
밤하늘 어리어리 뭔가 모르고 보듬어 안았지

타는 달빛 누누히 거친 호흡 토해 내
창호지 문살 젖을 즈음 잡은 손 살포시 풀어놓고서
뽀얀 안개 속으로 그림자 감추었지

밤이 오면 다시 오마 그 언약 없다 한들
달빛에 넋이 나가 눈 맞춘 그 밤
이별은 지워버렸기에

다시 오는 내일 밤 비구름에 가릴지라도
여전히 그리움으로 기다릴 거라네

—<달빛 그리움> 전문

남녀 간의 농밀한 사랑을 그린 작품이다. 달빛은 글자 그대로 '밤하늘에 뜬 달이 뿌리는 빛' 으로 읽어도 되지만 사랑하는 '연인' 의 메타포로 보면 시는 쉽게 이해가 된다. 달빛을 '임' 으로 환치해 읽어보자. 첫 연은 초야를 치르는 신부처럼 임에게 손을 내미니 들판에 혼자인 것 같던 "두려움은 가시고" 대신 설렘과 기대로 "떨림만 남아" 있다는 말이 된다. 둘째 연에서 "내미는 손 받아" 쥐고 시적 화자는 임의 그림자와 서로 뒤엉킨다. 화자는 "어리어리 뭔가 모르고 보듬어 안"고 있다. 서로 포옹을 하고 있는 상황묘사다.

다음 연에서 시는 가파르게 클라이맥스로 올라간다. 두 사람은 '마른' 호흡이 아닌, '눅눅한 호흡' 을, 그것도 '완만한' 호흡이 아닌 "거친 호흡"을 서로 "토해 내"고 있다. 이는 남녀 간의 농밀한 성애의 표현에 다름 아니다. 더구나 이들은 "창호지 문살 젖을 즈음" "뽀얀 안개"가 피어오르는 새벽에 가서야 "잡은 손 살포시 풀어놓고" 있다. 밤새도록 격렬한 사랑을 했다는 소리다. 그리고 임은 떠난다.

지금까지 묘사된 임과의 만남과 격정적인 사랑의 밤은 바로 화자에게 지극한 '그리움' 의 대상이 된다. 다음 연에서 "밤이 오면 다시 오마"라는 그 언약이 있든 없든 화자는 이미 임에게 빠져 "넋이 나가"버렸다고 토로한다. 그래서 "눈 맞춘 그 밤"이 있었던 것이 아닌가. 재회의 언약이 없더라도 화자는 이미 "이별은 지워버렸고" 오직 이제 남은 것은 '기다림' 뿐이다.

행간에 나타나는 정황으로 보아 두 사람의 사랑은 아마도 '밀애' 에 해당되는 것 같다. 새벽이 되면 "그림자를 감추고", "밤이 오면 다시"

온다. 대낮 뭇사람의 시선을 피하는 관계다. 이는 '낮에는 사라지고 밤에만 뜨는 달'과 절묘하게 대응을 이룬다. 그래서 밀애는 더 안타깝고 애틋한 사랑이 되는 것 아닌가. 마지막 연에서도 임과 달빛은 정확히 대응한다. 비구름이 가리면 달은 뜨지 않는다. 마찬가지로 임은 내일 밤 다시 올 수 없는 상황에 처할 수도 있다. 그러나 화자는 내일 밤 "비구름에 가릴지라도", "여전히 그리움으로 기다릴 거"라고 다짐하고 있다. 마지막 연, 마지막 행은 결정적으로 그리움과 기다림의 인과를 나타내고 있다. 글머리에서 언급한대로 '그리움'과 '기다림'은 '임'과 '달빛'과 마찬가지로 서로 아름답게 대응하여 변주되고 있는 것이다.

2.

앞에서 우리는 달빛이 그리움과 기다림의 대상이 되는 '임'에 비유되어 두 사람의 정열적인 사랑이 함축적으로 그려지고 있음을 보았다. 다음 시도 진한 사랑을 그리고 있지만 그 함축의 정도가 훨씬 크다.

물안개가 강을 덮쳤다
달콤한 신음을 토해냈다
해당화가 강물에 뿌려졌다
가시에 찔린 손이 울고 있다
그녀는 간음 중이다

—<그 여름 너머> 전문

인용 시는 짧다.

그럼에도 우리는 이 짧은 시를 읽으며 강을 덮치는 '물안개'와 강물에 뿌려지는 '해당화'만으로도 서정 넘치는 아름다운 강의 정경을 음미한다. 그러다가 "그녀는 간음 중이다"라는 마지막의 행의 단언적 발언에 깜짝 놀라며 처음부터 시를 다시 보게 된다. 이 의외의 '간음'이란 어휘가 없었으면 우리는 물안개 내리고 해당화 꽃잎이 뿌려진 조용한 강의 서정적 묘사에 만족하며 독서를 끝냈을 것이다. 시에는 그리움도 기다림도, 또한 포옹도 입맞춤도, 사랑의 행위를 표현하는 어떤 구체적 언어 하나 없다. 그럼에도 어찌하여 시적 화자는 결정적 언사로 '그녀'를 '강'으로 의인화시키고 '그녀'가 간음하고 있다고 결론을 내리고 있는가.

우리는 시인이 취사하여 동원하고 있는 행위의 '동사'에 주목할 필요가 있다. 물론 부드러운 물안개가 내리면 강은 "달콤한 신음"과도 같이 흘러가는 물결 소리를 낼 수 있을 것이다. 이는 절대로 무리한 발상이 아니다. 그러나 화자는 물안개가 강(그녀)를 '덮쳤다'고 말하고, 강(그녀)은 신음을 '토해냈다'고 말한다. 동작을 나타내는 이 동사들은 애무를 포함한 강렬한 성애를 여실히 표현하고 있다.

우리는 해당화가 '가시'가 있음을 상기한다. "가시에 찔린 손이 울고 있다" 가시에 손을 대면 찔리고 강(그녀)은 아픔에 운다. '찌르다'와 '울다'라는 동사의 견인은 결정적이다. 일반적으로도 찌르는 것은 남성을, 우는 것은 여성을 상징한다. 화자는 강이 왜 울고 있는지 그 구체적 원인은 생략하고 있다. 그러나 우리의 상상력은 쉽게 그

원인을 파악한다. 산고의 극심한 고통에도 여인은 울고, 쾌감의 극치에서도 여인은 우는 것이 아닌가.

강물은 막히면 돌아가고 강폭이 좁아지면 여울지기도 하며 아래로 흐른다. 상선약수上善若水가 이래서 생긴 말이다. 세상을 살아가는 순박하고 건강한 사람들의 생의 모습에 다름이 아니다. 뿌려진 해당화 꽃잎과 성애를 나누며 흐르는 강물을 묘사한 이 작품은 짧지만 역동적이고 건강한 관능이 꿈틀댄다. 시인은 바로 몇 개의 특별한 행위를 나타내는 동사의 활용만으로 감각적인 심상을 만들고 생동하는 삶의 강력한 존재감을 드러내고 있는 것이다.

3.

시집 제목 그대로 시편들에는 많은 '그리움'이 다양한 형태로 굽이치고 있다. 앞의 두 시편처럼 연인 사이의 그리움은 물론 가족 간의 사랑과 그리움 또한 오롯이 담겨있다.

입맛 당기는 파전
한 저금 들어보니
불현듯 그 곁에
아버지의 동동주가 떠오른당께요
비 오면 매운 파전
파전 생각항게 동동주 속에

아버지의 눈물이 비죽거리더랑께요
갓 담은 파김치에만
매운 눈물이 있는 게 아니고
설익은 파전에도
매운 눈물이 있더랑께요
설익은 세월에 취해
아버지가 울었을까요 잉
그 향기만큼 매운 눈물이
스르르 나를 울려 분지더랑께요

—<파전> 전문

파전과 동동주 그리고 비 오는 날이 함께한다면 삼박자가 재대로 착착 들어맞는 경우다. 화자는 "입맛 당기는 파전" 한 젓가락을 들며 불현듯 동동주를 떠올린다. 그리고 동동주 속에서는 아버지의 얼굴을 떠올린다. 게다가 비까지 오는 날이라면 아버지의 눈물을 떠올리고 그에 대한 그리움에 화자 자신도 눈물을 비죽거리게 된다. 여기서 아버지의 눈물은 화자의 눈물에 다를 게 없다. 아버지는 제대로 익지 못한, 그래서 '설익은 아픈 세월'을 살았던 분이다.

화자는 '매운 눈물'이 "설익은 파김치"와 마찬가지로 "설익은 파전"에도 있더라고 눈물의 원인을 교묘하게 파전에 연결시키고 있다. 그리고 "설익은 파전"은 아버지의 "설익은 세월"과 어느 틈에 연결되고 있다. 옛날 아버지가 동동주를 마시며 매운 눈물을 흘렸던 것처럼 이제는 어른이 된 딸이 그 파전과 동동주의 향기에 취해 울고 있다. 아버지를 생각하며 아버지를 그리워하는 애틋한 마음이 간절하다.

우리가 이 시를 주목해서 봐야 할 중요한 사항이 있다. 그것은 바로 시인이 의도적이든 그렇지 않든 이 시에서 유아기에 습득한 기층 언어, 즉 '토착 언어'를 다양하게 구사하고 있다는 점이다. 예로 "떠오른당께요(떠오른다니까요)", "생각항게(생각하니까)", "울려 분지더랑께요(울려 버리더라니까요)" 등의 어휘들이 나타나고 "울었을까요 잉"애서 "잉" 같이 무엇을 강조하는 독특한 토착어도 등장하고 있다, 이런 언어의 사용은 문학, 특히 시 예술에 있어 큰 의의를 가지게 된다. 이 문제는 좀 더 심도 있게 살펴 볼 필요가 있다.

4.

<진주라 천 리 길>이란 노래 가사가 있다. 이 말을 '진주라 사백 킬로 길'이라고 해도 같은 뜻의 말로 하자는 없다. 그러나 리듬으로나 정취로니 후자의 말은 시를 크게 훼손한다. 별 것 아닌 것 같아도 ᄀ 다가오는 느낌의 차이가 엄청나다는 것을 우리도 금방 깨닫게 된다. 당초의 시 언어는 인간의 생활에 밀착된, 즉 있는 그대로의 절실한 정감을 토로하는 직정적인 말이었다. 따라서 시는 산문에 앞서 나왔다는 것은 당연하고 그것이 민중의 생활언어와 직결되었을 것임은 또한 자명하다.

뒷집 목포댁 눈에 쌍심지 켜고 즈그 서방 잡는디
오따메 별일이랑게 겁나게 얌전하던 새악시
어찌 그리 암팡지던지 옆집 사는 네 살 더 먹은 아짐 보고
웃었다고 그리 잡은다요? (…)

둘이 노는 꼬라지 보니 가관이더랑게요
시상에 보이는 게 없고 즈그 둘뿐이랑게요
그래서 시상은 여전히 잘 돌아간 개비요
쪼게 느글거려도 보기는 좋습디다
평생 그리 살기 빌었지라

(…) 울아부지 울어메 사는 거 좀 봐 보시쇼
"자네 요거 잡사보소."
"그것이 모당가요 잉."
"장에 강께 모락모락 나는 시루떡 보니 임자 생각나서 쪼깐만 싸라 했네."
"입 주딩이 툭 불거진 할망구한테 산 개비요."
"쓰잘데기 없는 소리 말구 한 볼태기 입에 넣게." (…)
요런 질투 해감시 백년해로 하는 부모
맘 놓입디다

—<푸념> 부분

시제 <푸념>은 원래 무당이 정성 드리는 사람에게 귀신을 대신해 불평하고 꾸지람하는 소리다. 이제 이 말은 마음속에 품은 섭섭함이나 불만을 늘어놓는 것을 뜻하는 소리로 결국 무당의 ' 불평과 꾸지람 '과

일맥상통한다. 그런데 위 시에서 '푸념' 이 야기되는 것은 여성의 남성에 대한 질투다. 소위 '사랑싸움' 이 되는 것이다.

그런데 중요한 것은 이 사랑싸움의 언어가 철저하게 유아기에 습득한 '토착어' 로 발화되고 있는 점이다. 우선 시를 읽어가며 이를 검토해보자.

이 시는 제법 길지만 단 두 연으로 구성되어 있다. 첫 연은 화자가 "뒷집 목포댁"이 "눈에 쌍심지 켜고" 자기 서방을 잡는 얘기를 들려주고 있다. 그런데 남편의 죄목이라는 것이 "옆집 사는 네 살 더 먹은 아짐 보고" 웃었다는 것이다. 질투다. 질투는 사랑에서 비롯된다. 남편을 사랑하기 때문에 옆집 아줌마를 보고 웃는 것도 참을 수가 없어 푸념하고 싸움이 일어나는 것이다. 화자의 눈에 티격태격 거리는 이런 부부의 '사랑싸움' 은 "둘이 노는 꼬라지"로 보이고 그야말로 '가관' 이 아닐 수 없다. "시상에 보이는 게 없고 즈그 둘뿐"인 줄 알고 싸우지만 사실 이런 싸움은 전혀 해가 되지 않는다. "쪼게 느글거려도" 오히려 보기가 좋다. 따라서 화자는 그 부부가 "평생 그리 살기"를 빌게 되는 것이다.

둘째 연이자 마지막 연은 화자의 아버지와 어머니가 나누는 대화를 직접 인용하여 현장감 있게 들려주는 얘기다. 아버지가 어머니에게 먹을 것을 건네고 있다. 그것이 무엇이냐고 어머니가 묻자 아버지는 장에 가보니 김이 "모락모락 나는 시루떡"이 있어 "임자 생각나서" 조금 사온 것이라고 답한다. 어머니는 즉시 "입 주딩이 툭 불거진 할망구한테 산" 거냐고 반문한다. 자기를 위해서 샀지만 '특정한 사람' 즉 그 '할망구' 에게서 샀냐고 묻는 것은 질투다. 이 질투도 마찬가지로 남편을 사랑하는 마음에서 야기된 것이다. 이처럼 별것도 아닌 일로 티격태격 '사랑싸움'을 하며 백년해로를 하는 부모를 보며 화자는 걱정되는 것이 아니라 오히려 마음이 푹 놓이게 되는 것이다.

실상 질투는 무서운 것이다. 질투에 눈이 멀어 "단번에 갈라서"는 사람도 많고 괜히 "생병 앓아 온 집안 거덜 내"는 사람도 많다. 그리하여 결국은 "어린 자식 눈에 눈물 내고/ 늙은 부모 피멍 들게" 만드는 인간들이 얼마나 많은가. 심지어 살인까지 하는 일이 발생하기도 한다.

그러나 시인이 그리는 질투는, 그로 인해 야기되는 싸움은 소시민의 일상의 단편으로 얼마든지 있을 수 있는 일이다. 오히려 상대방에 대한 관심과 애정을 일깨우는 알콩달콩한 싸움이 된다. 그래서 화자는 뒷집 목포댁 부부가, 자신의 부모가 그렇게 싸워가며 평생을 해로하며 살기를 바라고 있는 것이 아닌가.

5.

시인은 <파전>에서도 그렇지만 <푸념>에서는 본격적으로 남도 토속어를 종횡무진 구사하고 있다. '즈그', '오따메', '아짐', '꼬라지', '시상', '울 아부지', '울 어메', '쪼깐', '입 주딩이', '볼태기' 등과 같은 명사와 형용 어휘는 물론 '랑게요(이라니까요)', '산 개비요(산 것인가봐요)', '빌었지라(빌었지요)', '모당가요(무언가요)'와 같은 독특한 종지형 어휘도 거침없이 등장시키고 있다.

이런 어휘들은 성장과정의 초기에 익힌 가장 오래 알고 있는, 또한 잊히지 않는 정감 있는 어휘들이다. 심층에 자리 잡고 있어 그만큼 호소력도 강한 어휘들이다. 언어학자들에 의하면 열두 살 전에 익힌 언어가 모어母語가 된다고 한다. 즉 그 뒤에 익힌 언어는 평생을 쓰더라도 제2언어에 불과하다. 표준말만 쓰는 방송인도 다급하면 자신도 모르게 '사투리' 가 튀어나오는 것도 이런 까닭이다. 음식도 어렸을 때 맛 들였던 것이 평생의 입맛이 되고, 자연 풍경도 사람마다 각자 어렸을 때 살던 고향, 즉 들이 있는 농촌의, 바다가 있는 어촌의 풍경을 계속 선호한다. 어린 시절은 누구에게나 '잃어버린 낙원' 으로 간주되기 마련이다.

시에 있어서 후기 습득언어, 즉 학교나 사회에서 교양체험과 함께 얻어지는 언어는 아무래도 호소력이 떨어지고 그 함의 또한 축소된다. 그만큼 잃어버린 낙원인 유년시절과의 거리가 멀어지기 때문이다. 물론 후기 습득언어체계도 지적인 산문이나 관념시 같은 경우에는 필요하다. 그러나 토착어를 배제하고 요령부득의 관념어로 쓰인 모더니즘 스타일의 시편들이 과연 우리에게 얼마나 사랑을 받고 있는가.

시인을 만나본 일은 없지만 시인은 목포에서 태어나 그곳에서 자랐다고 알고 있다. 당연히 시인의 가슴에는 성장하면서 습득한 기층언어가 남아있을 것이다. 시인이 위의 시에서 구사하고 있는 남도 사투리는 강한 정서적 상황에서 저절로 튀어나오는 개인적 차원의 기층언어인 것이다. 이런 언어는 또한 겨레의 생활과 가장 밀착되는 토착어이기도 하다. 의식이 미치지 못하는 심층의 영역에서 우리의 정감과 태도를 결정하며 느닷없이 발화되는 언어인 것이다. 어린 시절에 습득한 기층언어일수록 풍요로운 친화력과 강렬한 호소력을 가지게 된다. 위

인용시가 그러하다. 우리는 시를 읽으며 정겨움과 친근감에 저절로 미소를 띠게 되는 것이다.

6.

시집에는 정겨움과 친근감에 생각만 해도 가슴이 훈훈해지는 시편들이 많다. 이런 따뜻한 서정은 언제나 훌륭한 시적 대상이 된다.

대지도 졸린 한낮의 들녘
부지런한 김서운 씨
호미질 손길 급하기만 하고
송골송골 솟은 땀방울 훔칠 새 없어
찰싹 붙어 버린 지 오래인데
등에는 어린아이 곤히 잠들어 있다

멀리서 개 짖는 소리 가까이 다가와
"엄마아" 부르는 어눌한 음성
다섯 살 계집애
물주전자 기우뚱 들고 와
말라버린 입가에 들이민다
제 어미 목 타는 줄 아는가

치마 벌려
순 걷고 금 벌어진 군데군데
실한 고구마 몇 개 밑 따 감싸 안는데

어린 계집 좋아라 손뼉 치고
영문 모른 아기 잠 깨어 칭얼댄다

—〈추억의 소묘〉 전문

칠순 노모 산사 다녀오다
한 움큼 따온 봉선화 꽃잎
새색시 입술만큼 농염하다
절구에 지극 정성 곱게 찧어
앳된 며늘아기 손톱 위에
곱게 얹는다

—〈봉선화〉 부분

"대지도 졸린 한낮", 한 아낙이 "송골송골 솟은 땀방울 훔칠 새"도 없이 부지런히 호미질을 하고 있는데 "등에는 어린아이 곤히 잠들어 있다", "다섯 살 계집애"가 엄마 부르며 물주전자 들고 와서 "목 타는" 제 어미의 "입가에 들이민다" 아낙은 치마를 벌려", "실한 고구마 몇 개"를 감싸 안고 이를 본 어린 딸아이는 좋아서 손뼉을 친다. 영문을 모르는 아기는 "잠 깨어 칭얼댄다" 이렇게 세 개의 연으로 구성된 〈추억의 소묘〉는 시제 그대로 '추억' 처럼 그리운 세 식구의 정다운 모습을 '소묘' 하고 있다. 비록 가난한 삶이지만 엄마를 염려하는 어린 딸의 살가움이 있고, 딸을 생각하는 엄마의 따뜻함이 있다. 한 폭의 아름다운 그림이다.

〈봉선화〉는 산사 다녀오던 칠순 노모가 "새색시 입술만큼" 붉은 "봉선화 꽃잎"을 한 움큼 따다가 정성껏 '절구' 에 찧어 "앳된 며늘아기 손톱 위에" 얹어주는 모습을 묘사하고 있다. 소위 봉숭아물을 들여주고 있는 것이다. 꽃 '한 움큼' 이라는 어휘와 그것을 '절구에 찧는' 다는 어휘가 맞물리며 두 사람의 따뜻한 정이 새롭게 다가온다. 늙은 노모와 젊은 새색시의 마주치는 눈길에 얼마나 넘치는 정겨움이 오가고 있을 것인가.

이처럼 가슴 훈훈해지는 서정은 언제나 훌륭한 시적 대상이 된다고 앞에서 언급한 바 있다 그러나 이런 서정의 묘사는 자칫 감정적이 되기 쉽다. 시인이 지나치게 감정적이 되면 '감상적 허위sentimentalism' 에 빠지기 쉽고 작품은 진부한 서정의 묘사에 머물고 만다.

<추억의 소묘>에서 어린 딸이 물주전자 들고 와서 목마른 어미의 입을 적시게 하는 장면묘사는 결정적이다. 시인은 이 가난한 세 식구를 향해 어떤 연민이나 동정의 감정을 직접적으로 표출하지 않는다. 그저 담담하게 신산한 삶 속에서도 정답게 살아가는 모녀의 모습을 영화의 한 장면처럼 보여줄 뿐이다. 그래서 시는 살아났다.

마찬가지로 붉은 봉선화 꽃잎을, 그것도 '한 움큼' 을, 그것도 정성껏 '절구에 찧어' 며늘아기 손톱 위에 얹어주는 노모의 모습은 시 <봉선화>를 살리는 결정적 요소다. 시인의 주관적인 감정은 절제되어 있다. 그래서 두 사람의 모습은 더 정겹게 다가온다.

7.

모두가 공유할 수 있는 시적 대상이라도 다른 언어로 표현되어야 하고 다른 의미가 부여되어야 한다. 물론 지나친 감정도 배제되어야 한다. 그렇지 못한 경우 앞에서 말한대로 시는 진부해지기 쉽다. 누구나 다 아는 '콩나물' 이 어떻게 새로운 언어로 표현되고 새로운 의미가 시인에 의해 부여되는지 한 번 보자.

서방님과 알콩달콩 살아온
안방에 난데없이 나타나
주인인 양 요강 위
엉덩이 까고 앉은 너는 누구냐
마흔 넘어 자고나면 허전한 아침
서방님 홀려 내 사랑 뺏어간 너
머리끄덩이를 쥐고 한 움큼 뽑는다
어린것이 금쪽같은 내 낭군 꼬드겨
밤새 술 마시게 하고
그것도 모자라 아침이면
턱 하니 밥상에 먼저 오르는 너
제가 이러고도 성할 듯싶더냐
고춧가루 팍 뿌려 얼큰하게
꼬인 뱃속부터 푼 다음
너, 영원히 골로 보내주마

—<콩나물> 전문

시인은 그의 시적 대상에 구체적 물질성을 부여하고 다른 표현방법과 의미를 도출함으로써 신선한 서정을 원하는 독자의 기대에 부응한다. 위 시는 특별한 분석을 요하지 않는다. 우리는 독서를 진행하며 아! 콩나물이 이러하기도 하구나 하는 새로운 속성을 발견하고 미소를 베어 물게 된다.

'콩나물' 을 표현하는 시인의 선은 굵고 힘이 있고 독특하다. 시 전체에 나타나는 시인만의 이런 개성적인 문체는 특별히 눈에 띄는 점이다. 우선 콩나물은 어느 날 갑자기 안방에 나타나 제가 "주인인 양" 요강 위에 "엉덩이 까고" 앉아 있다. 부은 물을 받는 용기를 '요강' 으로, 그 위에서 자라고 있는 콩나물을 "엉덩이 까고 앉은" 독특한 모습으로 표현해 내고 있다.

안방에 들여다 기르고 있는 것으로 보아 화자의 서방은 아침 콩나물국을 무척 즐기는 것 같다. 술꾼이라는 소리이다. 화자는 이제 마흔이 넘은 나이가 되었고 그래서인지 "자고나면 허전한 아침"을 맞고 있다. 그런데 이것이 "서방님 홀려" 사랑을 뺏어갔다. "머리끄덩이를 쥐고" 한 움큼 뽑아낸다. 그 구체적인 이유는 서방을 "꼬드겨/ 밤새 술 마시게 하고" 게다가 아침이 되면 허전해지는 화자의 마음도 모르고 "턱하니" 아침밥상에 먼저 오르기 때문이다. 이제 뽑히는 콩나물은 '머리끄덩이' 로 비유되어 화자의 미움의 대상이 되고 있다. 화자는 "제가 이러고도 성할" 것 같으냐며 다짐한다. "고춧가루 팍 뿌려 얼큰하게/ 꼬인 뱃속부터 푼 다음", '영원히 골로 보내' 주겠다고.

시에는 질박한 어휘들이 종횡으로 동원되지만 칙칙하거나 침침한 구석은 없다. 엉덩이 까고, 서방님 홀리고, 머리끄덩이 쥐고, 낭군 꼬드기고, 고춧가루 팍 뿌리고, 골로 보내주겠다는 직정의 언어들이 질펀하다. 우리는 이미 <푸념>에서 꼴은 '꼬라지'로, 입은 '주딩이'로, 볼은 '볼태기'로 표현하는 것을 보았지만 여기서도 둔부는 물론 '엉덩이'가 된다.

놀랍게도 시인이 동원하는 거칠고 힘찬 언어들은 우리네 삶의 싱싱한 존재의식을 강하게 환기시킨다. 거침없이 구사되는 이런 언어에 힘입어 콩나물 또한 새로운 속성을 띠고 자신의 존재의식을 주장하고 있는 것이다.

직관에 의한 마음의 굴절이 시의 씨앗이다. 대상에 대해 순간적 느낌으로 발생한 이 씨앗은 잎이 돋고 꽃이 피는 과정을 거쳐 열매를 맺는다. 자신의 인식을 대상에 감정이입 시키고 그러는 가운데 대상들은 의인화 되어 표정을 보이고 행동을 취하고 있다.

8.

'송아지', '망아지', '강아지'는 모두 우리가 사랑하고 아끼는 짐승새끼 이름이다. 시인의 이름을 이 글에서 한 번도 거명하지 않았다. 시인의 이름은 '정아지'다. 건필을 빈다.

오래된 그리움을 담다
정아지 시집

인쇄 / 2016년 8월 27일
발행 / 2016년 8일 31일

저 자 / 정 아 지
펴낸이 / 서 정 환
펴낸곳 / 신아출판사

등록 / 1984년 8월 17일 제28호
주소 / 03132 서울시 종로구 삼일대로 32길 36
(익선동 30-6 운현신화타워 빌딩) 305호
전화 / (02) 3675-3885, (063) 275-4000
팩스 / (063) 274-3131
E-mail / sina321@hanmail.net

값 10,000원
ISBN 979-11-5605-358-3 03810

이 도서의 국립중앙도서관 출판예정도서목록(CIP)은 서지정보유통지원시스템 홈페이지(http://seoji.nl.go.kr)와 국가자료공동목록시스템(http://www.nl.go.kr/kolisnet)에서 이용하실 수 있습니다.
(CIP제어번호: CIP2016021327)